deutsch.kompetent

Stundenblätter

Cornelia Funke: Herr der Diebe

Erarbeitet von:
Maria Kasparek

Ernst Klett Verlag
Stuttgart · Leipzig · Dortmund

Intention

Die Stundenblätter zu Cornelia Funke „Herr der Diebe" sind für die Jahrgangsstufen 6 und 7 konzipiert. Konzeption und Thema entsprechen den Interessen der Schülerinnen und Schüler: Sie eröffnen neben den traditionellen Unterrichtsverfahren der Erschließung handlungs- und produktionsorientierte Zugänge zu diesem Roman. Der Fokus liegt auf dem übergreifenden Ziel des Deutschunterrichts, Lesefreude und -motivation zu fördern, was vor allem über die lebendige Auseinandersetzung mit dem Text gelingen kann.

Integratives Arbeiten steht im Mittelpunkt: Vor dem thematischen Hintergrund der Lektüre werden zentrale jahrgangsspezifische Inhalte der Kompetenzbereiche aufgegriffen und mit kreativen Ansätzen verknüpft. Die Stundenblätter liefern gestalterische und informierende Schreibaufgaben auf der Grundlage des Textes sowie Aufträge, die auf die Erweiterung des sprachlichen Repertoires durch die mündliche Interaktion mit einer Partnerin, einem Partner bzw. in der Gruppe und auf die konkrete Wortschatzarbeit abzielen. Im Sinne eines anregenden Unterrichts kommt dabei dem Wechsel der Sozialformen und der Vielfalt der methodischen Verfahren ein besonderer Stellenwert zu.

Aufbau

Die gesamte Unterrichtseinheit umfasst acht Module mit insgesamt 18 Kopiervorlagen und zwei Klassenarbeitsvorschlägen. Sie gliedert sich in drei Teile:

Kopiervorlagen

Die Kopiervorlagen sind sofort im Unterricht einsetzbar und ermöglichen eine kompetenzorientierte Erschließung im oben ausgeführten Sinne.

Analyse und Interpretation

Auf zwei Seiten finden sich Informationen zum Buch (Autor/Inhalt/Figurenkonstellation/Sprache und Stil/Zeit- und Raumgestaltung/Themen und Motive) für einen kompakten Überblick.

Kommentare und Lösungen

Dieser Teil bietet einen schnellen Zugriff auf die Ergebnisse der Kopiervorlagen. Zu sämtlichen Modulen finden sich hier Ausführungen zur Intention der Kopiervorlagen und didaktische Hinweise.

Wege der Behandlung der Ganzschrift

Eingangs weisen zwei Übersichten über die Unterrichtseinheit (Maximal-/Minimalplan) auf unterschiedliche Wege der Behandlung der Ganzschrift im Unterricht hin. Beide erleichtern das Anpassen der Erschließung an die zur Verfügung stehende Unterrichtszeit.

Der Maximalplan präsentiert das Gesamtpaket an obligatorischen und fakultativen Kopiervorlagen. Letztere erlauben eine Ausweitung und Vertiefung der Thematik. Der Minimalplan umfasst die obligatorischen Kopiervorlagen, sodass eine sinnvolle Auseinandersetzung mit dem Text gewährleistet ist.

Alle Kopiervorlagen finden sich auch auf www.klett.de (Eingabe des Online-Codes in das Suchfenster) als PDF oder als veränderbare Word-Datei, sodass sie den individuellen Gegebenheiten angepasst werden können.

Wir wünschen viel Erfolg in Ihrem Unterricht!

Kopiervorlagen

Modul 1: Zugänge

Modul 2: Häusliche Lektürephase

Modul 3: Figuren und ihre Handlungsmotive erschließen

Modul 4: Schauplätze und deren Funktionen erschließen

Modul 5: Besuch auf der Isola Segreta

Modul 6: „Theater für die Ohren“ – Medienprojekt

Modul 7: „Herr der Diebe“ auf der Kinoleinwand

Modul 8: Rezeption und Wirkung

Klassenarbeitsvorschläge

Analyse und Interpretation

Kommentare und Lösungen

Übersicht über die Unterrichtseinheit (Maximalplan)

Modul	Thema	Material	Kompetenzen	Sozialform	Zeitbedarf
1	**Zugänge**	KV 1.1: Der „Herr der Diebe" ist in aller Munde (obligatorisch)	- Erwartungen formulieren - Cover und Illustration analysieren - Klappentext untersuchen - für den Handlungsort sensibilisieren - Lesefreude initiieren	Unterrichtsgespräch Einzelarbeit Partnerarbeit	2 Stunden (90 min)
2	**Häusliche Lektürephase**	KV 2.1: Meine Gedanken zu dem Werk „Herr der Diebe" (obligatorisch)	- Leseeindrücke formulieren - Kenntnisse über die Autorin sammeln	Einzelarbeit	14 Tage Lesezeit, 1 Stunde (45 min)
		KV 2.2: Nachdenken mit allen Sinnen (fakultativ)	- Leseeindrücke und Geschmacksurteile/ ggf. Fragen formulieren	Einzelarbeit	1 Stunde (45 min)
3	**Figuren und ihre Handlungsmotive erschließen**	KV 3.1: Vom Figurenüberblick zum Figureneinblick (obligatorisch)	- Textverständnis überprüfen - Figurenkonstellation erstellen - Figuren charakterisieren - Steckbriefe anfertigen und vorstellen	Einzelarbeit Partnerarbeit Gruppenarbeit	3 Stunden (135 min)
		KV 3.2: Literarische Modenschau: Funkes Figuren auf dem Laufsteg (fakultativ)	- Textanalyse (Schwerpunkt: Figuren) - Figurencharakterisierung - Textverstehen: szenische Umsetzung der Figurencharakterisierung - schriftliche Figurenvorstellung verfassen	Partnerarbeit	3 Stunden (135 min)
		KV 3.3: „Zwei Seelen wohnen, ach! in meiner Brust" - Scipios Doppelgesicht enttarnen (obligatorisch)	- Textanalyse (Protagonist Scipio) - Bildbeschreibung - vertieftes Textverständnis ausgehend von der Figurencharakterisierung des Protagonisten entwickeln	Einzelarbeit	1 Stunde (45 min)
		KV 3.4: „Geh zurück zu dem vornehmen Haus, in dem du lebst!" - Reaktionen auf Scipios Verrat (obligatorisch)	- Handlungsanalyse: Wendepunkt untersuchen - szenisches Spielen (Stimmenskulptur): mit Zitaten auseinandersetzen, Leerstellen füllen - Interpretation: Tagebucheintrag des Titelhelden verfassen	Einzelarbeit Partnerarbeit Gruppenarbeit	2 Stunden (90 min)
		3.5 Scipio vor Gericht! (fakultativ)	- szenisches Spiel: Gerichtsprozess/Positionierung zu Scipios Schuld - eigene Erfahrungen vergleichen	Gruppenarbeit Einzelarbeit	2 Stunden (90 min)
4	**Schauplätze und deren Funktionen erschließen**	KV 4.1: „Freundschaft, das ist wie Heimat!" (obligatorisch)	- vertieftes Textverständnis entwickeln: Schauplätze analysieren, Informationen zu Handlungsorten erfassen und vergleichen - Funktionen der Schauplätze für die Handlungsentwicklung untersuchen - imaginäre Führung durch einen Handlungsort schreiben	Einzelarbeit Unterrichtsgespräch	2 Stunden (90 min)
5	**Besuch auf der Isola Segreta**	KV 5.1: „Erwachsene erinnern sich nicht daran, wie es war, ein Kind zu sein …" (fakultativ)	- vertieftes Verständnis des Vorwortes entwickeln - sinngestaltendes Lesen - Grundstimmung erfassen - Herstellen lebensweltlicher Bezüge ausgehend vom Thema Erwachsensein/Kind sein - Transferleistung initiieren: Lied und Vorwort-Zusammenhang erfassen	Einzelarbeit Partnerarbeit	1 Stunde (45min)
		KV 5.2: Das Karussell der Barmherzigen Schwestern (obligatorisch)	- Textstellen untersuchen/Handlungsmotive der Figuren erfassen - Perspektivübernahme (Textinterpretation) - Positionierung einnehmen - Leserbrief verfassen	Einzelarbeit Unterrichtsgespräch	2 Stunden (90 min)

Modul	Thema	Material	Kompetenzen	Sozialform	Zeitbedarf
6	**„Theater für die Ohren" – Medienprojekt (fakultatives Modul)**	KV 6.1: Eine eigene Hörspielszene vorbereiten (fakultativ)	- Erfahrungen mit Hörspielen thematisieren - Schritte einer Hörspielproduktion anhand eines Beispiels kennenlernen - Elemente eines Hörspiels sammeln - ein Hörspielskript basierend auf einem Kapitel vorbereiten - Sprechübungen/gestaltendes Vorlesen trainieren - Geräusche zu einer Szene planen - Sprecherrollen verteilen	Gruppenarbeit	Die Produktion eines Hörspielausschnittes kann in der Einheit integrativ oder im Anschluss an die Werkbehandlung vollzogen werden (Zeitumfang ca. 5–7 Stunden).
		KV 6.2: Eine eigene Hörspielszene aufnehmen und schneiden (fakultativ)	- Hörspielszene aufnehmen (Produktion) - aufgenommene Hörspielszenen schneiden (Postproduktion) - Feedback zu Hörszenen geben		
7	**„Herr der Diebe" auf der Kinoleinwand**	KV 7.1: „Ein Bestseller wird zum Film!" (fakultativ)	- Filmplakat untersuchen - Erwartungen formulieren - Funktionen eines Trailers erkennen - ein eigenes Trailer-Konzept entwerfen - Trailer des Films kennenlernen und bewerten	Einzelarbeit Partnerarbeit Unterrichtsgespräch	2 Stunden (90 min)
		KV 7.2: „Filmsehschule" – Klappe, die Erste (obligatorisch)	- induktives Erlernen von klassischen Kameraperspektiven	Einzelarbeit Partnerarbeit Unterrichtsgespräch	2 Stunden (90 min)
		KV 7.3: „Filmsehschule" – Klappe, die Zweite (fakultativ)	- Recherchetraining: Einstellungsgrößen kennenlernen und anwenden - mit dem Begriff der „filmischen Adaption" auseinandersetzen	Einzelarbeit Partnerarbeit Unterrichtsgespräch	1 Stunde (45 min)
8	**Rezeption und Wirkung**	KV 8.1: „Film ab!" – Experten betrachten einen Film (obligatorisch)	- Film mit spezifischen Beobachtungsaufgaben ansehen - Wirkung von Beobachtungen artikulieren - Eindrücke zum Film festhalten - Filmuntersuchung nach Beobachtungsaspekten durchführen	Einzelarbeit Gruppenarbeit	4 Stunden, inkl. gemeinsame Filmrezeption (180 min)
		KV 8.2: Du hast das Wort: – Deine eigene Filmkritik verfassen (fakultativ)	- Filmkritik verfassen - Schreibplan anfertigen - Texte überarbeiten	Einzelarbeit Partnerarbeit	2 Stunden (90 min)

Übersicht über die Unterrichtseinheit (Minimalplan)

Modul	Thema	Material	Kompetenzen	Sozialform	Zeitbedarf
1	**Zugänge**	KV 1.1: Der „Herr der Diebe" ist in aller Munde (obligatorisch)	- Erwartungen formulieren - Cover und Illustration analysieren - Klappentext untersuchen - für den Handlungsort sensibilisieren - Lesefreude initiieren	Unterrichtsgespräch Einzelarbeit Partnerarbeit	2 Stunden (90 min)
2	**Häusliche Lektürephase**	KV 2.1: Meine Gedanken zu dem Werk „Herr der Diebe" (obligatorisch)	- Leseeindrücke formulieren - Kenntnisse über die Autorin sammeln	Einzelarbeit	14 Tage Lesezeit, 1 Stunde (45 min)
3	**Figuren und ihre Handlungsmotive erschließen**	KV 3.1: Vom Figurenüberblick zum Figureneinblick (obligatorisch)	- Textverständnis überprüfen - Figurenkonstellation erstellen - Figuren charakterisieren - Steckbriefe anfertigen und vorstellen	Einzelarbeit Partnerarbeit Gruppenarbeit	3 Stunden (135 min)
		KV 3.3: „Zwei Seelen wohnen, ach! in meiner Brust" – Scipios Doppelgesicht enttarnen (obligatorisch)	- Textanalyse (Protagonist Scipio) - Bildbeschreibung - vertieftes Textverständnis ausgehend von der Figurencharakterisierung des Protagonisten entwickeln	Einzelarbeit	1 Stunde (60 min)
		KV 3.4: „Geh zurück zu dem vornehmen Haus, in dem du lebst!" – Reaktionen auf Scipios Verrat (obligatorisch)	- Handlungsanalyse: Wendepunkt untersuchen - szenisches Spielen (Stimmenskulptur): mit Zitaten auseinandersetzen, Leerstellen füllen - Interpretation: Tagebucheintrag des Titelhelden verfassen	Einzelarbeit Partnerarbeit Gruppenarbeit	2 Stunden (90 min)
4	**Schauplätze und deren Funktionen erschließen**	KV 4.1: „Freundschaft, das ist wie Heimat!" (obligatorisch)	- vertieftes Textverständnis entwickeln: Schauplätze analysieren; Informationen zu Handlungsorten erfassen und vergleichen - Funktionen der Schauplätze für die Handlungsentwicklung untersuchen - imaginäre Führung durch einen Handlungsort schreiben	Einzelarbeit Unterrichtsgespräch	2 Stunden (90 min)
5	**Besuch auf der Isola Segreta**	KV 5.2: Das Karussell der Barmherzigen Schwestern (obligatorisch)	- Textstellen untersuchen/Handlungsmotive der Figuren erfassen - Perspektivübernahme (Textinterpretation) - Positionierung einnehmen - Leserbrief verfassen	Einzelarbeit Unterrichtsgespräch	2 Stunden (90 min)
7	**Der „Herr der Diebe" auf der Kinoleinwand**	KV 7.2: „Filmsehschule" – Klappe, die Erste! (obligatorisch)	- induktives Erlernen von klassischen Kameraperspektiven	Einzelarbeit Partnerarbeit Unterrichtsgespräch	2 Stunden (90 min)
8	**Rezeption und Wirkung**	KV 8.1: „Film ab!" – Experten betrachten einen Film (obligatorisch)	- Film mit spezifischen Beobachtungsaufgaben ansehen - Wirkung von Beobachtungen artikulieren - Eindrücke zum Film festhalten - Filmuntersuchung nach Beobachtungsaspekten durchführen	Einzelarbeit Gruppenarbeit	4 Stunden, inkl. gemeinsame Filmrezeption (180 min)

Der „Herr der Diebe" ist in aller Munde! (Seite 1/2)

1. Der „Herr der Diebe" treibt seit einigen Wochen sein Unwesen in der Stadt. Keiner weiß Genaueres über ihn. Das einzige bekannte Detail ist, dass er immer eine schwarze Maske trägt. Stelle Vermutungen über folgende Fragen an:
- Wer ist diese Person (Alter, Aussehen)?
- Wieso sprechen alle von dieser Person?
- Was steckt hinter dem geheimnisvollen Namen?

2. Betrachte das Buchcover des Werkes „Herr der Diebe" von Cornelia Funke. Beschreibe es in drei Sätzen.

3. Vergleiche deine Vermutungen zu den Fragen aus Aufgabe 1 mit dem Buchcover.

4. In welcher Stadt treibt der „Herr der Diebe" sein Unwesen? Kreuze an und begründe deinen Verdacht.

☐ München ☐ Berlin ☐ New York ☐ Venedig ☐ Barcelona ☐ andere Vermutung

Meine Begründung:

Autorin:
Maria Kasparek

Der „Herr der Diebe“ ist in aller Munde! (Seite 2/2)

5. Lies den Klappentext des Werkes. Notiere Funktionen, die einem Klappentext allgemein zukommen.

6. Halte drei bis fünf zentrale Informationen des Klappentextes über das Werk auf einem gesonderten Blatt fest.

7. Vergleiche mündlich deine Vermutungen aus den Aufgaben 1 und 2 mit den tatsächlichen Informationen zu dem Werk. Tausche dich dazu mit deinem Partner aus.

8. Dem Handlungsort, der „Stadt der geflügelten Löwen und verwunschenen Plätze“, kommt im Werk eine zentrale Bedeutung zu. Lies die ersten Sätze des Buches:

> Es war Herbst in der Stadt des Mondes [...]. Die Sonne spiegelte sich in den Kanälen und überzog die alten Mauern mit Gold, aber der Wind blies eisig vom Meer herüber, als wollte er die Menschen daran erinnern, dass der Winter kam. In den Gassen schmeckte die Luft plötzlich nach Schnee, und die Herbstsonne wärmte nur den Engeln und Drachen hoch oben auf den Dächern die steinernen Flügel. Das Haus, in dem Victor wohnte und arbeitete, stand dicht an einem Kanal, so dicht, dass das Wasser unten gegen die Mauern schwappte. Manchmal träumte Victor nachts, dass das Haus in den Wellen versank, mitsamt der ganzen Stadt. Dass das Meer den Damm fortspülte, mit dem Venedig am Festland hing wie eine Kiste Gold an einem dünnen Faden, und alles verschluckte: die Häuser und Brücken, Kirchen und Paläste, die die Menschen dem Wasser so frech aufs Gesicht gebaut hatten.

Aus: Herr der Diebe, S.7. Hamburg: Oetinger Taschenbuch Verlag. 6.Auflage. 2016

9. Umkreise drei Adjektive, die für dich den Handlungsort beschreiben. Begründe deine Wahl unter Bezug auf den Text in Aufgabe 8.

einsam ehrwürdig
faszinierend verspielt
mystisch groß
aufregend abenteuerlich
beängstigend verträumt
traurig belebt
geheimnisvoll
beruhigend vertraut seltsam
klein gigantisch alt
schön fremd
gewaltig eindrucksvoll

10. Warst du selbst schon einmal an einem Ort, dessen Eindrücke dir besonders im Gedächtnis geblieben sind? Tausche dich mit deinem Partner aus, warum das so war.

Autor:in:
Maria Kasparek

Meine Gedanken zu dem Werk „Herr der Diebe“ (Seite 1/1)

Du hast nun vom ____________ bis ____________ Zeit, das Werk „Herr der Diebe“ von Cornelia Funke zu lesen. Die folgenden Aufgaben dienen dazu, deine individuellen Leseeindrücke auf verschiedene Weise festzuhalten und dir diese selbst bewusst zu machen.

1. Wähle eine der beiden Aufgaben für die erste Stunde nach der häuslichen Lektüre aus:

A Finde ein Bild (Gemälde, Foto, Zeichnung, ...), welches für dich gut zum Inhalt des Werkes passt.

B Notiere 1–2 Strophen eines Songtextes deiner Wahl, welche für dich gut zum Inhalt des Werkes passen oder bringe diesen Text zum Anhören mit.

2. Begründe deine Auswahl aus Aufgabe 1.

____

____

____

____

Galeriespaziergang

Ein **Galeriespaziergang** kann euch dazu dienen, über Einzel- oder Gruppenergebnisse nachzudenken und diese zu beurteilen. Dazu könnt ihr eure Bilder im Klassenraum aushängen und euch die Musikbeiträge anhören. Jeder läuft schweigend entlang der Ergebnisse und notiert sich dabei Fragen oder Eindrücke. Im Anschluss kann jeder, der das Material mitbegebracht hat, eure Fragen beantworten. So könnt ihr die Eindrücke der anderen zum Werk kennenlernen und mit euren eigenen vergleichen.

3. Betrachtet alle Bilder und Songtextausschnitte genau. Haltet Eindrücke und Fragen dazu auf einem gesonderten Blatt fest.

– Im Anschluss beantwortet diejenige/derjenige, die/der das Bild oder das Lied mitgebracht hat, eure Fragen.

4. Formuliere eine Frage an die Autorin Cornelia Funke, welche dir beim oder nach dem Lesen zu dem Werk durch den Kopf ging oder verfasse einen Kommentar über das Werk (z. B. Wie hat es mir gefallen? Was habe ich gefühlt beim Lesen?).

____

____

____

____

5. Wählt drei besonders interessante Fragen oder Kommentare an Cornelia Funke aus. Stellt sie ihr auf ihrer offiziellen Homepage: http://www.corneliafunke.com/de. Vielleicht habt ihr Glück und sie antwortet euch.

6. Informiere dich im Internet über die Autorin und halte fünf besonders interessante Informationen aus ihrem Leben und Wirken als Schriftstellerin auf einem gesonderten Blatt fest.

Autorin:
Maria Kasparek

Nachdenken mit allen Sinnen (Seite 1/1)

1. Lies die Satzanfänge in der Abbildung durch. Wähle mindestens drei der Sätze aus, um deine Eindrücke zum Werk „Herr der Diebe“ nach dem Lesen festzuhalten.

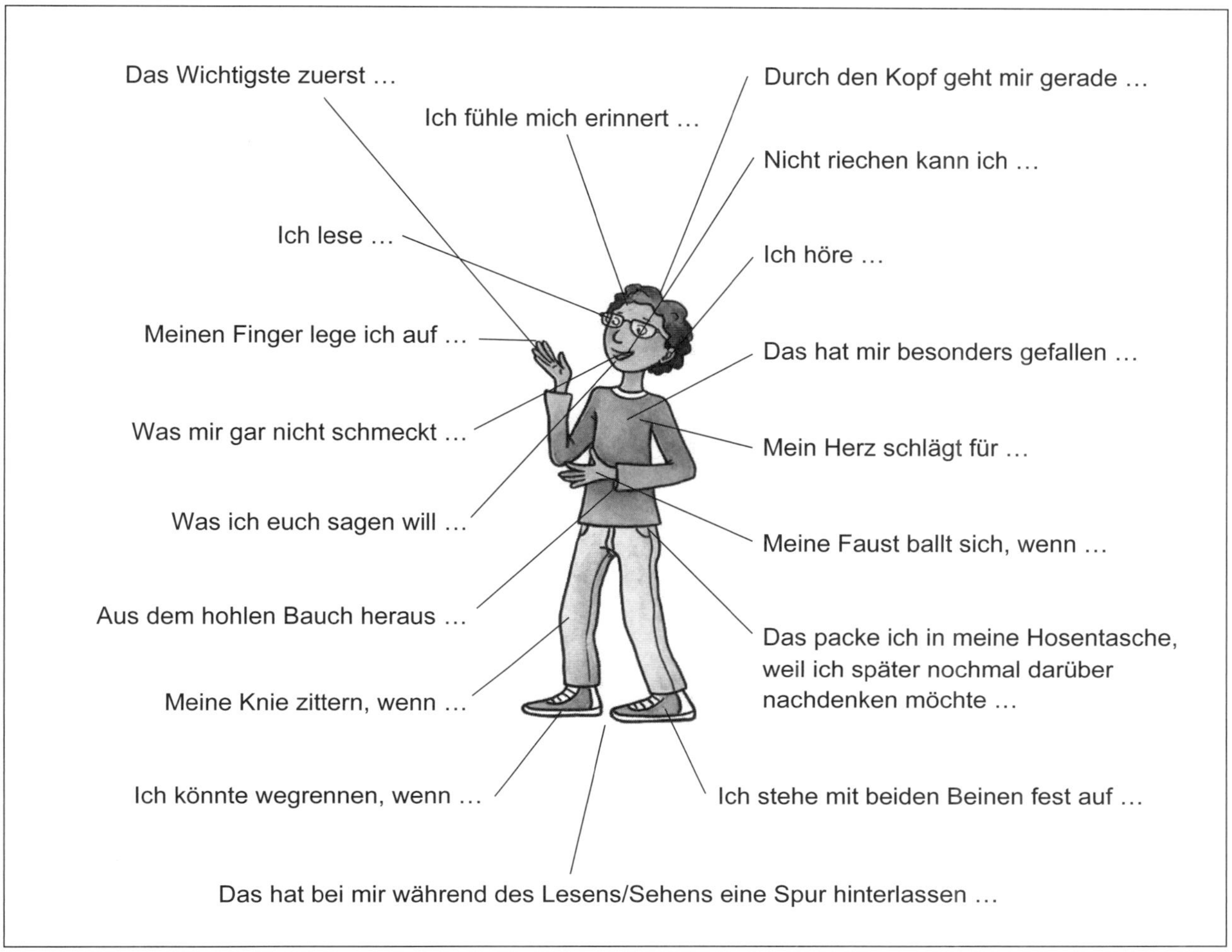

____

____

____

____

____

____

____

2. Formuliere drei eigene Satzanfänge und beende diese, um deine Eindrücke zum Werk zu beschreiben.
- Achte darauf, dass deine Satzanfänge wie die Beispiele mit einem Körperteil oder Wahrnehmungssinn in Verbindung stehen. Arbeite auf einem gesonderten Blatt.

Autorin:
Maria Kasparek

Vom Figurenüberblick zum Figureneinblick (Seite 1/2)

1. Überlegt für *jede* der Figuren eine Standbild-Darstellung: Scipio, Bo, Prosper, Wespe, Mosca, Riccio, Victor, Herr oder Frau Hartlieb und Ida. Bildet dazu Gruppen.

Standbilder bauen

Zunächst bestimmt ihr einen von euch als Standbilddarsteller/in und eine/n als Standbildbauer (= Regisseur). Ihr überlegt gemeinsam:
- Wie soll unser Standbild zu den einzelnen Figuren aussehen (Mimik, Gestik, Besonderheiten)?
- Wie soll die Figur zu den anderen stehen? Welche Beziehung haben sie untereinander?

Der Regisseur positioniert die Personen, ohne zu sprechen. Anschließend erklärt er der Klasse kurz, was ihr euch bei der Darstellung gedacht habt. Alle Standbilder bleiben stehen bis die letzte noch übrige Figur „gebaut" wurde, während die Regisseure sich bereits wieder hinsetzen können.
Hinweis: Fotografiert die fertige Figurenkonstellation, um sie später noch einmal zu betrachten.

2. Präsentiert als Team euer Standbild zu einer Figur eurer Wahl.
- Ihr dürft keine Figur wählen, die bereits als Standbild gebaut wurde.
- Bis alle Figuren als Standbild gebaut wurden, bleiben die anderen Standbilder „eingefroren" stehen.
- Der Regisseur erklärt kurz, was ihr euch bei der szenischen Darstellung gedacht habt.

3. An alle Regisseure: Betrachtet die fertige Figurenkonstellation der Standbilder. Äußert euch mündlich, welche Veränderungen ihr vornehmen würdet.

4. Schreibt auf große Plakate die Namen der dargestellten Figuren und hängt diese im Klassenraum auf. Begebt euch auf „Figurengedankenreise":
- Nutze verschiedene farbige Stifte, um deine Gedanken wie in einem Graffiti auf die Plakate zu „sprühen".
- Entscheide dich bewusst für die Stiftfarbe, die deiner Meinung nach gut zu der Figur passt.
- Notiere zu jeder Figur Informationen oder Eindrücke, die dir im Gedächtnis geblieben sind (z. B. äußere Erscheinung, Charaktereigenschaften, Vorlieben, Schwächen, Hobbys, Ängste).

5. Bildet Figuren-Teams und lest die Notizen auf dem Figurenplakat (vgl. Aufgabe 4) genau durch.
- Ordnet die notierten Gedanken nach Themen und schreibt sie auf. Ihr könnt Markierungen auf den Plakaten vornehmen.

6. Begebt euch auf „Textspurensuche", um mehr über eure Figur herauszufinden.
- Teilt die angegebenen Seiten zu eurer Figur unter euch auf.

Scipio (S. 32–33, S. 35–36, S. 122, S. 173–176)	**Herr und Frau Hartlieb** (S. 9–11)	**Victor** (S. 8, S. 10, S. 12–14)
Bo (S. 9–10, S. 12, S. 17, S. 19, S. 26, S. 29)	**Prosper** (S. 9–10, S. 12, S. 18–20, S. 37)	**Mosca** (S. 25–29)
Riccio (S. 25–26, S. 29–30, S. 35)	**Wespe** (S. 15–16, S. 26, S. 28–30, S. 33, S. 35)	**Ida** (S. 191, S. 270, S. 272, S. 357–358, S. 377)

- Notiert neue Erkenntnisse, welche noch nicht auf den Plakaten vermerkt sind.
- Stellt euch die Ergebnisse eurer „Textspurensuche" vor.

Autorin:
Maria Kasparek

Vom Figurenüberblick zum Figureneinblick (Seite 2/2)

7. Fertigt gemeinsam einen Steckbrief zu eurer Figur an.
- Nutzt dazu die Ergebnisse auf den Plakaten sowie die eurer „Textspurensuche".
- Ergänzt ein Foto einer Persönlichkeit oder eine eigene Zeichnung, die für euch zu der Figur passt.

Einen Steckbrief anfertigen

Ein **Steckbrief** ist eine Möglichkeit, die wichtigsten Merkmale einer literarischen Figur schriftlich festzuhalten. Zu diesen Merkmalen zählen z. B. Name, Alter, Aussehen, besondere Auffälligkeiten oder Kennzeichen, Charaktereigenschaften und auch solche, wie die Beziehung zu anderen Figuren. Oftmals wird der Steckbrief zur Veranschaulichung durch ein Foto ergänzt.

WANTED

8. Stell dir vor, du hast die Möglichkeit, eine der Figuren zu treffen und ihr drei Fragen zu stellen.
- Entscheide, welche Figur du treffen möchtest.
- Überlege drei Fragen, welche dich besonders interessieren und notiere sie auf einem gesonderten Blatt.

Autorin:
Maria Kasparek

Literarische Modenschau: Funkes Figuren auf dem Laufsteg (Seite 1/2)

1. Ihr plant einen Beitrag zu einer literarischen Modenschau unter dem Motto „Funkes Figuren auf dem Laufsteg".
- Wählt gemeinsam eine der Figuren aus dem Werk „Herr der Diebe" für die Modenschau aus.
- Begründet eure Wahl in einem Satz:

Wir haben uns für __________ entschieden, weil ______________________________

____

____

____

2. Gebt eurer Figur einen Künstlernamen, wie z.B. Wespe, die Clevere.

____

Eine literarische Figur vorstellen und charakterisieren

In der **Charakterisierung einer literarischen Figur** fasst du alle wichtigen Informationen auf Basis des Textes zusammen. Du unterscheidest nach folgenden Merkmalen:
- äußere Merkmale (Erscheinungsbild, Geschlecht, Alter)
- innere Merkmale (Charakter, Fähigkeiten, Verhaltensweisen, Ängste, Träume)
- soziale Merkmale (Familienzugehörigkeit, sozialer Stand, ggf. Zugehörigkeit zu bestimmten Gruppen).

Außerdem ist es oft wichtig nach der Bedeutung der Figur für die Handlung und für die anderen Figuren zu fragen (Ist es eine Haupt- oder eher eine Nebenfigur? Ist es eine Figur, die für andere Figuren eine wichtige Bedeutung hat, z. B. als Gegner oder Helfer?).

3. Sammelt alle Informationen über die Figur, die notwendig sind für eine Modenschau.
- Füllt die Tabelle für eure ausgewählte Figur aus.
- Notiert, auf welchen Seiten im Buch ihr die Informationen gefunden habt.

Name der Figur: ______________________________

Äußere Merkmale	Innere Merkmale	Soziale Merkmale	Sonstiges

Autorin:
Maria Kasparek

Literarische Modenschau: Funkes Figuren auf dem Laufsteg (Seite 2/2)

4. Notiert auf Grundlage der Ergebnisse aus Aufgabe 3 Ideen für eine Präsentation der Modenschau.
- Macht euch Gedanken zum Kostüm und den Requisiten.
- Überlegt gemeinsam, welches Musikstück während eures Auftritts zu hören sein soll. Wenn ihr keine passende Musik findet, könnt ihr auch selbst Musik machen.

Unsere Kostüm- und Requisitenideen: ______________________________

____

____

____

Unsere Musikideen: ______________________________

____

____

5. Eure Figur sollte nicht nur gut laufen können, sondern auch eine passende Mimik und Gestik zeigen.
- Fertigt Stichpunkte an, wie eure Figur auftritt (Gangart, Gesichtsausdruck, Gestik) und begründet eure Entscheidung:

Gangart (z. B. hektisch, schüchtern, aufgeregt, selbstbewusst, arrogant)	Mimik (Wie schaut eure Figur?)	Gestik (z. B. Bewegung der Arme, der Hände, des Kopfes)
Begründung:	Begründung:	Begründung:

6. Notiere stichpunktartig Ideen für die Moderation der Modenschau auf einem gesonderten Blatt. Beachte dabei die drei Teile: Begrüßung, Vorstellung des Modells und Verabschiedung/Danksagung.
- Tauscht euch im Anschluss über eure Ideen aus und bereitet euren Auftritt vor.

7. Setzt alle Überlegungen in einer literarischen Modenschau um.

Autorin:
Maria Kasparek

„Zwei Seelen wohnen, ach! in meiner Brust.“ – Scipios Doppelgesicht enttarnen (Seite 1/2)

1. Betrachte das Bild und beschreibe es in maximal fünf Sätzen.

Quelle: shutterstock (Elnur), New York, NY

2. „Du weißt ja überhaupt nicht, wer ich bin!“ (S. 253, Zeile 2 f.). Diesen Vorwurf macht Scipo seinem Vater.
– Vergleiche darauf basierend das Bild aus Aufgabe 1 mit der Figur Scipios.

Autorin:
Maria Kasparek

„Zwei Seelen wohnen, ach! in meiner Brust." – Scipios Doppelgesicht enttarnen (Seite 2/2)

3. „Zwei Seelen wohnen, ach! in meiner Brust." ist ein Zitat von Goethe aus dem Werk „Faust". Auch Scipio besitzt so etwas wie zwei Seelen. Finde jeweils einen passenden Titel für die zwei Gesichter von Scipio.

Scipio, der …

Scipio, der …

Quelle: shutterstock (Bildagentur Zoonar GmbH), New York, NY

4. Sammle Informationen, wie Scipio in den beiden verschiedenen Rollen auftritt. Notiere diese in der Tabelle. Auf den Seiten 33–35, 121–122 und 173–175 findest du Hinweise dazu.

Scipio, der …	Scipio, der …

5. Lies das folgende Zitat und erkläre es kurz. Stelle einen Zusammenhang mit der Figur Scipios her.

„Wer eine Maske trägt, kann nicht erwarten, dass man seine Tränen sieht."

Verfasser unbekannt

Autorin:
Maria Kasparek

„Geh zurück zu dem vornehmen Haus, in dem du lebst!“ – Reaktionen auf Scipios Verrat (Seite 1/2)

1. „Die armen, elternlosen Kinder haben keine Lust mehr, mit dir *Scipio, der Herr der Diebe* zu spielen.“ (Seite 201), meint Riccio. Halte fest, wie die anderen Bandenmitglieder auf Scipios Verrat reagieren.
- Notiere mindestens fünf aussagekräftige Zitate darüber, was die anderen von Scipios Lüge halten.
- Nutze dazu die Seiten 171–177, 189, 201–202 und 206–208. Beachte, dass man Zitate in „...“ schreibt und die genaue Seite des Zitates im Werk angeben muss.

– „Wir wollen nichts mehr mit dir zu tun haben.“ (Riccio, S.207)

– ______________________________

____

____

____

____

____

____

____

____

Stimmenskulptur

Das Ziel der Methode **Stimmenskulptur** ist, dass ein Sachverhalt aus der Sicht von verschiedenen Figuren betrachtet wird. Meist steht die Hauptfigur im Mittelpunkt. Diese kann z. B. in der Mitte eines Kreises stehen und durch ihre Mimik und Gestik schweigend ihre Gefühle zum Ausdruck bringen, während sie zuhört, was andere Figuren ihr mitteilen (anklagen, fragen, ...). Um die Hauptfigur herum stehen weitere Figuren des Werkes und reden auf sie ein. Es darf aber immer nur eine Person aus dem Außenkreis sprechen. Diese legt ihre Hand auf die Schulter der Hauptfigur und hat damit alleiniges „Rederecht“.

2. Gestaltet mithilfe der gefundenen Zitate aus Aufgabe 1 eine Stimmenskulpur zu den Reaktionen der anderen Figuren auf Scipios Lüge.
- Findet euch in Gruppen zu sechst zusammen. Teilt untereinander auf, wer welche Rolle in der Stimmenskulptur übernehmen möchte: Scipio, Riccio, Mosca, Wespe, Bo und Prosper.
- Verteilt eure Zitate entsprechend der ausgewählten Rollen. Lest diese passend zum Inhalt mit einem bewussten Einsatz von Lautstärke, Tempo, Tonhöhe und Gefühlslage vor.
- Ergänzt für die Figuren, zu denen ihr wenige Zitate gefunden habt, bis zu zwei weitere eigene Äußerungen, welche die Gefühle und Gedanken der Figur als Reaktion auf Scipios Lüge zum Ausdruck bringen.
- Überlegt gemeinsam, wie die Person in der Mitte des Kreises die Gefühle von Scipio mimisch und gestisch gut darstellen kann. Der Text liefert Hinweise, wie Scipio sich fühlt.

3. Führt eure geplante Stimmenskultpur vor der Klasse auf.

Autorin:
Maria Kasparek

„Geh zurück zu dem vornehmen Haus, in dem du lebst!" – Reaktionen auf Scipios Verrat (Seite 2/2)

Einen Tagebucheintrag schreiben

Im Deutschunterricht nutzt man das **Schreiben eines Tagebucheintrags** dazu, sich in die Gedanken einer literarischen Figur hineinzuversetzen. Dabei kannst du aus der Sicht der Figur heraus fühlen, denken und schreiben. Verwende die Ich-Perspektive.

4. Versetze dich in die Figur des Scipio.
- Schreibe einen kurzen Tagebucheintrag, wie er sich nach den Äußerungen der anderen Figuren fühlt und welche Gedanken ihm nach seiner Enttarnung durch den Kopf gehen.

Liebes Tagebuch,

____

____

____

____

____

____

____

____

____

____

____

____

____

5. Überprüfe deinen Tagebucheintrag nach folgenden Kriterien:

Checkliste

- ✓ Hast du kurz in die Situation eingeführt, über die deine Figur schreibt?
- ✓ Hast du geschrieben, wie die Figur das Erlebte wahrgenommen und bewertet hat?
- ✓ Passen die Gedanken und Gefühle der Figur zum Inhalt des Textes?
- ✓ Hast du in der Ich-Perspektive geschrieben?
- ✓ Hast du das Präsens verwendet, wenn du über die Gegenwart schreibst? Hast du eine Zeitform der Vergangenheit verwendet, wenn du Vergangenes wiedergegeben hast?

Autorin:
Maria Kasparek

Scipio vor Gericht (Seite 1/2)

1. Der junge Herr Scipio Massimo steht vor Gericht. Stellt euch vor, er wäre aufgrund seines Verrats angeklagt. Spielt eine Gerichtsszene mit der Klasse nach.
- Findet euch in Gruppen für je eine der aufgeführten Figuren. Achtet darauf, dass jede Figur durch mindestens zwei Personen besetzt wird, sodass alle Figuren im Prozess auftreten können. Zur Auswahl stehen:

  Der Angeklagte: Scipio wird als erste Figur vom Richter zu den Vorfällen befragt. Er darf als Angeklagter auch das letzte Wort zu seiner Verteidigung sprechen. Scipio muss sich selbst verteidigen und macht von diesem Recht auch Gebrauch.

  Der Kläger: Ein Zeitungsjournalist hat von den Vorfällen in Venedig gehört. Er beschuldigt Scipio, ein verlogener Egoist zu sein, der Straßenkinder ausnutzt und in Gefahr bringt, um Abenteuer zu erleben. Um derartige Vorfälle in Zukunft zu verhindern, möchte er ein öffentlichkeitswirksames Urteil gegen Scipio erreichen.

  Zeugen: Wespe, Bo, Prosper, Riccio, Mosca, Victor Getz und Scipios Vater

  Richter: Die Richter leiten den Prozess und stellen allen Figuren Fragen. Sie erteilen den übrigen Figuren das Rederecht und können auch zur Ruhe ermahnen. Es ist noch nicht ihre Aufgabe, ein Urteil zu fällen.
- Bereitet die Äußerungen der zum Prozess eingeladenen Parteien entsprechend eurer Gruppe stichpunktartig vor. Später bestimmt ihr, wer die Figur im Prozess schauspielern soll.
- Überlegt genau, was den Figuren während der Gerichtsverhandlung durch den Kopf gehen könnte und welche Gefühle sie jeweils haben. Als Richter müsst ihr Fragen zu den Vorfällen stellen.

Amtsgericht Venedig

Eingeladene Figur: ______________________________

____

____

____

____

____

____

____

____

____

____

2. Bestimmt die Gruppenmitglieder, die mithilfe eurer Vorarbeiten als Schauspieler den Prozess umsetzen.

3. Setzt die Gerichtsverhandlung szenisch in der Klasse um.

Autorin:
Maria Kasparek

Scipio vor Gericht (Seite 2/2)

4. Kreuze an, wie du Scipios Handeln einschätzt:
- ☐ Ist er ein verlogener Egoist, der um Abenteuer zu erleben, Kinder ausnutzt?
- ☐ Ist er eine Art „Helfer“ für die Straßenkinder?

5. Versetze dich in die Lage eines Richters.
- Fälle ein Urteil, welches Scipio freispricht oder verurteilt. Begründe deine persönliche Positionierung in dem Urteilsspruch schriftlich.

Im Namen des italienischen Volkes ergeht folgendes Urteil:

Der Angeklagte, Scipio Massimo, wird ____________________________

____

____

____

____

____

____

____

____

____

____

____

____

____

6. Die Handlung des Romans von Cornelia Funke ist erfunden, jedoch gibt es ähnliche Situationen von Freundschaft, Verrat und Enttäuschung auch im echten Leben.
- Überlege, wann du dich einmal ähnlich gefühlt hast wie Scipio oder einer seiner Freunde, welche von ihm belogen wurden.
- Wenn dir nichts einfällt, stelle Vermutungen an, wann es im echten Leben zu ähnlichen Situationen kommen könnte.

____

____

____

____

____

Autorin:
Maria Kasparek

„Freundschaft, das ist wie Heimat!“ (Kurt Tucholsky) (Seite 1/2)

1. Lies das Kapitel „Das Sternenversteck“ nochmals genau durch.
- Notiere alle Informationen zum äußeren Erscheinungsbild des Verstecks sowie zu der Stimmung, die die Kinder dort empfinden.
- Du kannst auch angeben, welche „Wertgegenstände“ jedes Kind dort bei sich hatte.

Quelle: shutterstock (4kclips), New York, NY

Äußeres Erscheinungsbild	Stimmung

2. Stell dir vor, das Kino „Stella“ mitten in Venedig ist plötzlich in der ganzen Stadt bekannt. Immer mehr Menschen interessieren sich dafür, wo und wie die elternlosen Kinder dort gewohnt haben.
- Versetze dich in die Position eines Stadtführers/einer Stadtführerin. Zeige den interessierten Besuchern das verlassene „Stella“ möglichst anschaulich.
- Beschreibe es so lebendig wie möglich. Gehe dabei nicht nur auf das Äußere ein, sondern auch auf die Stimmung, welche die Kinder in ihrem Versteck empfanden.

Meine Damen und Herren, wir betreten jetzt das berühmte „Stella“, in dem die Kinderbande zuletzt wohnte …

Autorin:
Maria Kasparek

„Freundschaft, das ist wie Heimat!“ (Kurt Tucholsky) (Seite 2/2)

3. Lies die Seiten 153–154, 348, 357–358 erneut durch. Notiere stichpunktartig auf einem gesonderten Blatt (mit Seitenbelegen), was die „Casa Spavento“ für die Kinder bedeutet.
– Überlege, welche Dinge die Kinder dort besonders genießen.

Alle essen gemeinsam an einem Esstisch aus dampfenden Schüsseln voll mit Nudeln (S. 348).

4. Sowohl das „Stella“ als auch die „Casa Spavento“ sehen von außen sehr alt aus. Die Innenausstattung der beiden Orte unterscheidet sich jedoch erheblich. Trotzdem ähneln sich die beiden Schauplätze.
– Stelle Vermutungen über die Bedeutung der beiden Orte für die Kinder an.

5. Vergleiche die Bedeutung von dem Haus der Familie Massimo für Scipio mit der Bedeutung des Sternenverstecks und der „Casa Spavento“ für die Kinderbande. Notiere Stichpunkte.

6. „Freundschaft, das ist wie Heimat!“. Erkläre die Verbindung des Zitats mit dem Werk „Herr der Diebe“ in maximal drei Sätzen.

7. Welche weiteren Orte spielen in dem Werk noch eine Rolle?
– Suche zwei Schauplätze heraus, welche im Werk gegensätzlich dargestellt sind.
– Stelle diese Orte gegenüber: Du kannst hierfür zwei Bilder malen oder zwei Fotos aufkleben.

Autorin:
Maria Kasparek

„Erwachsene erinnern sich nicht daran, wie es war, ein Kind zu sein …“ (Seite 1/2)

1. Lies das Vorwort des Werkes noch einmal durch. Fasse es in maximal drei Sätzen zusammen.

„Erwachsene erinnern sich nicht daran, wie es war,
ein Kind zu sein.
Auch wenn sie es behaupten.
Sie wissen es nicht mehr. Glaub mir.
Sie haben alles vergessen.
Wie viel größer die Welt ihnen damals erschien.
Dass es mühsam sein konnte, auf einen Stuhl zu klettern.
Wie fühlte es sich an, immer hochzublicken?
Vergessen.
Sie wissen es nicht mehr.
Du wirst es auch vergessen.
Manchmal reden die Erwachsenen davon, wie schön es war,
ein Kind zu sein.
Sie träumen sogar davon, wieder eins zu sein.
Aber wovon haben sie geträumt, als sie Kinder waren?
Weißt du es?
Ich glaube, sie träumten davon, endlich erwachsen zu sein.“

Aus: Herr der Diebe, S. 5. Hamburg: Oetinger Taschenbuch Verlag. 6. Auflage. 2016

Meine Zusammenfassung:

2. Formuliere deine persönliche Antwort auf die Frage „Aber wovon haben sie geträumt, als sie Kinder waren?“ in einem Satz.

3. Lies das Vorwort sinnbetont vor. Nutze folgende Schritte zur Vorbereitung:
- Markiere Schlüsselbegriffe, welche eine zentrale Bedeutung für das Textverständnis besitzen, farbig.
- Notiere drei Adjektive, welche die Stimmung einer Textzeile zum Ausdruck bringen als Sprechanweisung für das Vorlesen direkt neben den Text, z. B. nachdenklich, glücklich.
- Überlege, welche Textstellen du besonders hervorheben möchtest. Vermerke dazu am Rand, was du beim Vorlesen beachten möchtest, z. B. Lautstärke, Sprechtempo, Pausensetzung, Artikulation.

Autorin:
Maria Kasparek

„Erwachsene erinnern sich nicht daran, wie es war, ein Kind zu sein …“ (Seite 2/2)

4. Sprich das Vorwort zunächst einmal leise vor dich hin. Lies es anschließend deinem Partner vor.
– Gebt euch gegenseitig Tipps, was noch verbessert werden könnte.

5. Hört euch einige Beispiele in der Klasse an. Vergleicht eure Vorlesefassungen miteinander.
– Erörtert mündlich, inwiefern das Vorlesen bereits eine Botschaft vermitteln kann.

6. Typisch Kinder – typisch Erwachsene? Oftmals bezeichnet man Verhaltensweisen oder Lebensumstände als „kindlich“ oder „typisch erwachsen“.
– Notiere je fünf Aspekte in der Tabelle, welche für die jeweilige Seite für dich typisch sind.

Typisch Kind	Typisch erwachsen

7. Höre das Lied „Erwachsen sein“ von Bushido und Sido feat. Peter Maffay.
– Halte die zentrale Aussage zum Erwachsen- und Kind sein fest, die dir das Lied vermittelt.

8. Vergleiche mündlich mit deinem Partner die Botschaft des Vorwortes von „Herr der Diebe“ sowie deine Ergebnisse aus Aufgabe 6 mit der Botschaft des Liedes „Erwachsen sein“.

Autorin:
Maria Kasparek

Das Karussell der Barmherzigen Schwestern (Seite 1/2)

1. Das sagenunwobene Karussell der Barmherzigen Schwestern sorgt bei den Figuren für unterschiedliche Gefühle.
- Notiere stichpunktartig auf einem gesonderten Blatt die Gedanken der einzelnen Figuren, die sie zu der magischen Karussellfahrt haben. Lies hierfür die folgenden Seiten: Prosper: S. 286, S. 316–317; Conte: S. 309–310; Scipio: S. 310–311, S. 319; Barbarossa: S. 323–324.

2. Fomuliere in einer kurzen Messenger-Nachricht (z. B. WhatsApp) in der Gruppe „Magische Karussellfahrt“ eine begründete Entscheidung zur Nutzung oder bewussten Nichtnutzung des Karussells aus Sicht der jeweiligen Figur.
- Passe deine Schreibweise an die entsprechende Figur und die Plattform an.
- Benutze Emoticons zur Verstärkung deiner Gefühlslage.

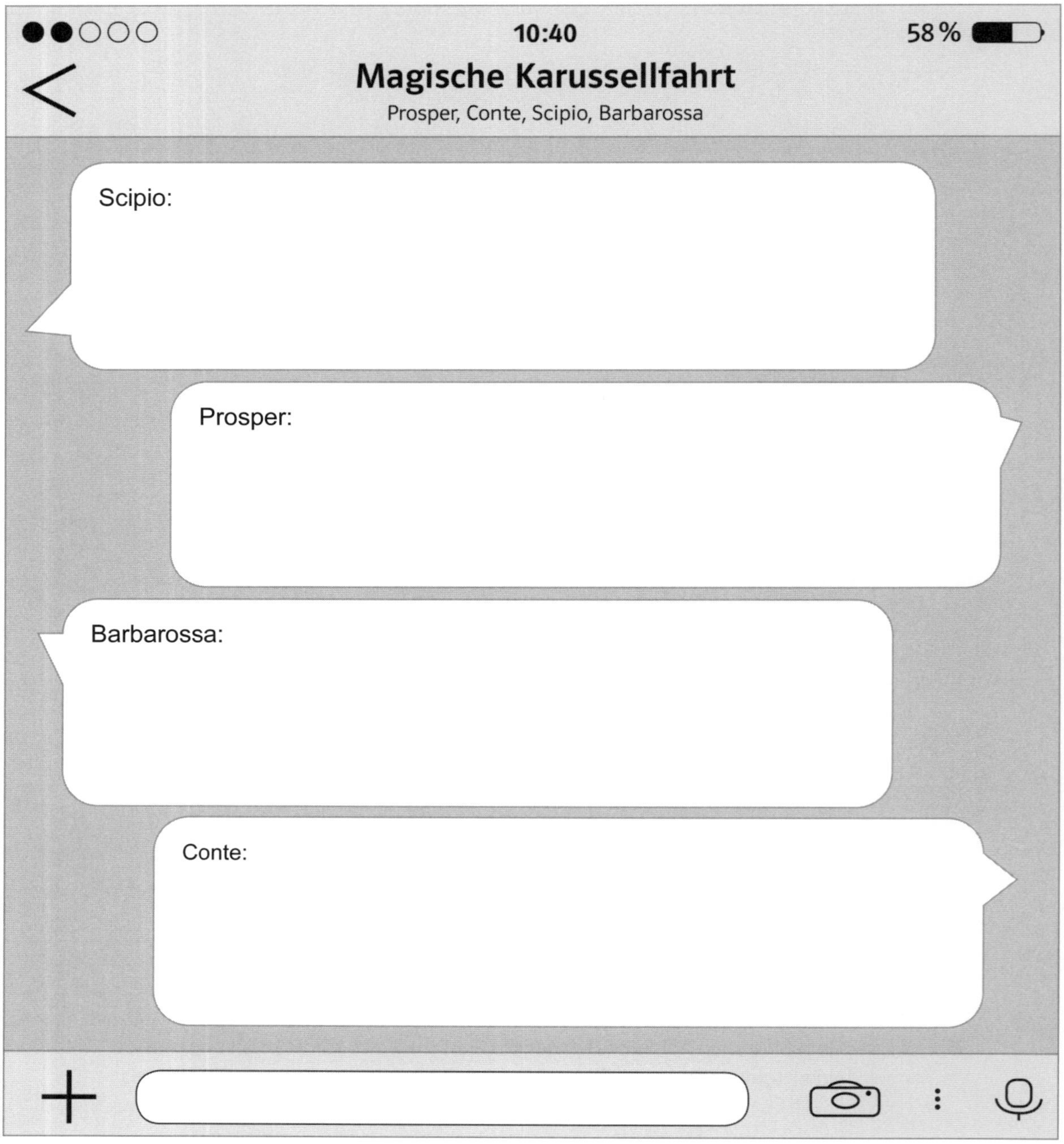

Autorin:
Maria Kasparek

Das Karussell der Barmherzigen Schwestern (Seite 2/2)

3. Positioniere dich zu dem Handeln der Figuren mit einem Brief an deinen Freund oder deine Freundin. Schreibe auf einem gesonderten Blatt.
- Verdeutliche, ob du die Entscheidung von Scipio für richtig hältst oder eher Prosper zustimmst.
- Begründe deine Position.

4. Cornelia Funke verleiht dem Karussell die Macht, in die menschliche Entwicklung des Lebens einzugreifen, indem es Personen verjüngen oder älter werden lassen kann. Stell dir vor, du liest einen Artikel in einer Zeitschrift, in dem Forscher darüber berichten, eine solche „Magische Maschine“ bis 2030 tatsächlich zu entwickeln.
- Befürwortest du diese Forschung oder lehnst du sie ab? Verfasse einen kurzen Leserbrief an die Zeitschrift.

____

____

____

____

____

____

____

____

Einen Leserbrief verfassen

Ein **Leserbrief** dient der Darstellung deiner persönlichen Meinung als Reaktion auf einen veröffentlichten Beitrag, z. B. in einer Zeitung. Du kannst damit einen zustimmenden oder ablehnenden Standpunkt zu einer Thematik der Öffentlichkeit vorstellen. Achte darauf, dass der Leserbrief nicht zu lang wird. So erhöhst du die Chance, dass man ihn abdruckt. Für das Verfassen eines Leserbriefes solltest du folgende Punkte beachten:
- Mache deutlich, auf welchen Artikel du dich beziehst (Wo und wann wurde er abgedruckt? Wer ist Autor/in?).
- Beginne mit einer Anrede der Leserschaft (z. B. „Liebe Leserinnen und Leser …“).
- Lege deine Rolle dar (Bist du in dem Gebiet ein Experte oder hast du vielleicht persönliche Erfahrungen?).
- Formuliere die Argumente für deine Position sachlich (keine Beleidigungen, Logik überprüfen).
- Unterstütze deine Argumente mit Beispielen.
- Bringe deine Meinung in einem zusammenfassenden Schlusssatz auf den Punkt. Appelliere an die Leserschaft, deiner Meinung zu folgen oder stelle eine Frage an die Leser/innen.
- Schreibe unter den Leserbrief deinen Vor- und Familiennamen.

5. Tausche deinen Leserbrief mit dem deines Partners und lies diesen aufmerksam durch.
- Markiere Stellen, die dir gut gefallen mit einer geraden Linie und solche, die dir nicht gefallen, mit einer Wellenlinie.
- Formuliere einen Tipp unter dem Brief, was konkret dein Partner verbessern könnte.

Autorin:
Maria Kasparek

Eine eigene Hörspielszene vorbereiten (Seite 1/2)

1. Notiere in Stichpunkten, was für dich ein Hörspiel ist. Nenne ein Beispiel.

2. Notiere in die Sprechblasen, welche akustischen Elemente in einem Hörspiel vorkommen können.

Quelle: Adobe Stock (rangizzz), Dublin

3. Besprecht in Gruppen, welches Kapitel aus dem Werk „Herr der Diebe“ ihr für besonders geeignet haltet, als Hörspielausschnitt zu gestalten.
- Begründet eure Entscheidung in einem Satz:

4. Kopiert das gewählte Kapitel, damit ihr dies als Arbeitsgrundlage verwenden könnt, um zum Beispiel Streichungen vorzunehmen.

5. Lest das Kapitel erneut und kürzt es so, dass ihr maximal fünf Seiten Sprechertext habt. Solltet ihr ein sehr langes Kapitel ausgewählt haben, entscheidet euch für eine Schlüsselszene.

6. Überlegt, wie viele Sprecherrollen ihr für euren Ausschnitt benötigt.
- Bestimmt, wer welche Passagen übernehmen möchte.
- Markiert den jeweils pro Rolle zu sprechenden Text mit einer Farbe eurer Wahl.

Autorin:
Maria Kasparek

Eine eigene Hörspielszene vorbereiten (Seite 2/2)

7. Das Sprechen eines Hörspieltextes kannst du trainieren und diese Kenntnisse und Erfahrungen auf deinen Hörspielausschnitt übertragen:
- Lies den folgenden Satz laut vor und betone dabei immer nur das Wort, welches an der Reihe ist (Sprecher 1 betont: „Ich“, Sprecher 2 betont „glaube“ …):

„Ich glaube nicht, dass sie mein Geld gestohlen hat."

8. Erkläre nach jedem Satz, wie sich die Aussage des Satzes durch die veränderte Betonung wandelt.

9. Lies den folgenden Satz in einer der aufgezählten Sprechanweisungen vor.
Bringe die Gefühlslage deutlich zum Ausdruck:

„Es ist grün."

Sprechanweisungen: genervt, nervös, wütend, traurig, vorfreudig, aufgeregt, ängstlich, zögernd, fragend, auffordernd, arrogant, selbstbewusst, unsicher.

10. Halte Aspekte fest, wie du mit deiner Stimme die Gefühlslage einer Äußerung gezielt verändern kannst:

Veränderung des Sprechtempos, ______________________________

____

____

____

11. Notiere fünf Sprechanweisungen für deine Textpassagen auf der Kopie von Aufgabe 4.
- Stellt euch eure Sprechanweisungen in der Gruppe vor.
- Überlegt danach gemeinsam, was verbessert werden kann.

12. Ein Hörspiel lebt auch von Geräuschen, um eine Szene echt und glaubwürdig zu gestalten.
- Überlegt euch mindestens fünf Geräusche für eure Hörspielszene und schreibt sie auf.

____

____

13. Geräusche für ein Hörspiel können entweder selbst aufgenommen werden oder bereits fertig produziert als lizenzfreies Geräusch eingefügt werden (also frei von Urheberrechten, sodass ihr es öffentlich verwenden dürft).
- Überlegt Möglichkeiten, wie ihr die Geräusche produzieren könnt (vgl. Beispiele unten).
- Falls ihr bei einem Geräusch keine Idee habt, könnt ihr auch im Internet lizenzfreie Geräusche downloaden.

Feuer: Alufolie vor dem Mikrofon unregelmäßig zusammendrücken; dann hört es sich an, als ob Feuer knistert.
Hagel: Reis in eine Blechdose rieseln lassen. Das Mikrofon direkt neben die Blechdose halten.
Menschenmenge: Nehmt das Mikrofon mit auf die Hofpause und nehmt die Geräuschkulisse auf.
Regen: Erbsen in ein längeres Papprohr füllen. Beide Enden des Rohres zukleben. Langsam hin und her bewegen.
Meeresrauschen: Mit einer Nagelbürste in kreisenden Bewegungen über ein Kuchenblech streichen.

Autorin:
Maria Kasparek

Eine eigene Hörspielszene aufnehmen und schneiden (Seite 1/2)

1. Ihr habt bereits eure Rollen für die Hörspielproduktion verteilt. Jetzt geht es darum, das Hörspiel zu produzieren. Folgt dem Leitfaden:

Leitfaden für die Generalprobe bei einem Hörspiel
Die Hörspielszene üben und sich gegenseitig noch letzte Tipps geben:

- Sprecht nicht zu schnell, sondern lieber verständlich und mit sinnvollen Pausen.
- Setzt die Sprechanweisungen so um, dass die Szene glaubhaft und echt wirkt.
- Übt, euer Skript in der Hand zu halten und während des Vorlesens vorsichtig umzublättern
- Gebt das Mikrofon oder Handy (das Gerät, mit dem ihr aufnehmt) geräuschlos weiter oder dreht euch zu der Person, die das Gerät hält, wenn die nächste Person spricht.
- Nehmt alle den gleichen Abstand zum Aufnahmegerät ein, um keine zu großen Lautstärkeveränderungen beim Schnitt ausgleichen zu müssen.
- Lasst kurze Pausen, sofern in eurem Skript ein Geräusch an einer Stelle des Textes vermerkt ist. Die Geräusche werden später hinzugefügt.
- Falls ihr euch versprecht, ist dies nicht schlimm: Ihr müsst nicht alles von vorn beginnen, sondern 1–2 Sätze vorher nochmals ansetzen. Das wird dann geschnitten.

Leitfaden für die Hörspielproduktion
Die Hörspielszene mit einem Smartphone oder anderem Gerät aufnehmen:

- Sucht einen ruhigen Platz, an dem es möglichst wenig schallt. (Tipp: Ihr könnt auch zwei Tische als Begrenzungswand auf den Boden legen und euch dazwischen setzen, um etwas abgeschottet von Außengeräuschen zu sein.)
- Hilfreich ist, wenn eine Person eurer Gruppe Kopfhörer trägt und die Live-Aufnahme mithört. So werden unerwünschte Nebengeräusche schneller erkannt, sodass ihr einzelne Passagen ggf. nochmal aufnehmen könnt.
- Nehmt die gewünschten Geräusche ebenso auf. Speichert sie auf einem Stick als mp3-Datei, sodass ihr auch diese Dateien im Schnitt später einfügen könnt.

Leitfaden für die Postproduktion
Der Hörspielszene den letzten Schliff geben:

- Überspielt die aufgenommenen Dateien auf einen Computer oder ein Tablet für den Schnitt.
- Hört euch alle Dateien an. Beschriftet diejenigen, welche als ausgewählte Passagen in die fertige Gesamtaufnahme einfließen sollen. Löscht die fehlerhaften Aufnahmen jedoch noch nicht, falls ihr später doch noch Teile davon benötigt.
- Öffnet ein Schnittprogramm und fügt die beschrifteten Dateien in der richtigen Reihenfolge ein. Speichert bereits jetzt euren Arbeitsstand unter einem Projekttitel eurer Wahl.
- Nehmt einen Grobschnitt vor, indem ihr unerwünschte Geräusche oder zu lange Pausen wegschneidet. Nutzt hierfür das Schnittwerkzeug des ausgewählten Programms.
- Fügt die produzierten Geräusche hinzu. Nehmt auch hier einen Grobschnitt vor. Bedenkt erneut das Zwischenspeichern als Projekt (nicht als fertige Datei).
- Führt jetzt den Feinschnitt durch: Hört euch alle aneinandergereihten Aufnahmen nochmals detailliert an und schneidet Versprecher heraus. Passt auch die verschiedenen Lautstärken an.
- Hört euch die gesamte Aufnahme nach dem Feinschnitt nochmals konzentriert an und überarbeitet eventuell noch aufgefallene Kleinigkeiten.
- Fügt urheberrechtsfreie Musik hinzu, welche eure Hörspielszene noch lebendiger macht. Diese kann auch als Eröffnungsmusik fungieren oder leise unter bestimmten Textpassagen zu hören sein.

Autorin:
Maria Kasparek

Eine eigene Hörspielszene aufnehmen und schneiden (Seite 2/2)

2. Die Hörspielszenen sind nun produziert. Beschreibe, welche Erfahrungen du aus der Medienproduktion gewonnen hast.

____

____

____

____

____

____

____

____

____

3. Hört euch alle Hörspielszenen im Klassenverband gemeinsam an.

4. Gebt euch ein Feedback, wie ihr eure Hörspielszene findet.
- Schreibt pro Gruppe einen Aspekt auf, der euch besonders gut gefallen hat, und (sofern vorhanden) einen Aspekt oder eine Frage, die noch unklar geblieben ist.

Besonders hat mir gefallen, dass ______________________________

____

____

____

____

____

____

____

Unklar ist mir, ______________________________________

____

____

____

____

____

Autorin:
Maria Kasparek

„Ein Bestseller wird zum Film!“ (Seite 1/2)

Im Jahr 2006 erschien die filmische Umsetzung des Werkes von Cornelia Funke unter der Regie von Richard Claus in den deutschen Kinos. Der Film ist eine Produktion der Warner Bros Reihe und wurde am 18. Dezember 2005 in Hamburg uraufgeführt.

1. Beschreibe das Filmplakat.

Quelle: Comet Film GmbH/Warner Bros. Entertainment GmbH

2. Halte die Wirkung des Filmplakates auf dich mit fünf Adjektiven fest.

3. Diskutiere mit deinem Partner, ob ihr das Filmplakat für gelungen haltet oder welche Veränderungen ihr vornehmen würdet.

4. Halte in Stichpunkten fest, welche Funktionen einem Trailer für einen Kinofilm zukommen.

Autorin:
Maria Kasparek

„Ein Bestseller wird zum Film!“ (Seite 2/2)

5. Überlegt zu zweit, welche Inhalte aus Cornelia Funkes Werk ihr in eurem Trailer für eine filmische Umsetzung von „Herr der Diebe“ einfließen lassen würdet. Begründet eure Wahl schriftlich auf einem gesonderten Blatt in maximal fünf Sätzen.

6. Besprecht außerdem folgenden Aspekte, die für eure eigene Trailer-Idee von Bedeutung sind:

Farben/Licht	musikalische Umsetzung	bestimmte Textpassagen oder Schlagworte

– Haltet eure Ideen auf einem gesonderten Blatt fest und überlegt, welche Wirkung sie bei den Zuschauenden erzielen sollen.

7. Schaut euch den originalen Trailer zum deutschen Kinofilm von „Herr der Diebe“ an.
– Begründet im Anschluss mündlich, ob ihr diesen für gelungen haltet.
– Achtet hierbei besonders auf die Elemente, welche ihr in eurer eigenen Trailer-Idee bedenken solltet (Farb- und Lichtgestaltung, Musik, Inhalte, Textpassagen) und vergleicht eure Ideen mit dem Original.

8. Erklärt, ob der originale Trailer die in Aufgabe 4 aufgezählten allgemeinen Funktionen erfüllt.

9. Beschreibe deine Erwartungen an die filmische Umsetzung des Werkes. Beende die folgenden Sätze, bevor du den Film gesehen hast.

a) Besonders gespannt bin ich darauf, wie ____________________

____

____

b) Meine bisherige Erwartung an den Film ist, ____________________

____

____

c) Wenn ich selbst das Werk filmisch umsetzen müsste, wäre mir besonders wichtig, dass

____

____

d) Wenn ich dem Regisseur eine Frage stellen könnte, so wäre es diese: ____________________

____

____

e) Auf Basis meiner bisherigen Erfahrungen mit filmischen Umsetzungen von bekannten Kinder- und Jugendbüchern, denke ich/frage ich mich ____________________

____

____

Autorin:
Maria Kasparek

„Filmsehschule“ – Klappe, die Erste (Seite 1/2)

1. Betrachte die folgenden Screenshots (das heißt, die Bildschirmaufnahmen aus dem Film „Herr der Diebe“).
– Beschreibe genau, was du auf den Bildern siehst und von welcher Position aus das Bild gefilmt wurde.

Quellen: Comet Film GmbH/Warner Bros. Entertainment GmbH

2. Entscheide, welche Kameraperspektive jeweils in den Bildern ersichtlich ist. Nutze dazu die Info-Box.
– Erkläre auch, falls du dir unsicher bist.

Bild 1: ______

Bild 2: ______

Bild 3: ______

Autorin:
Maria Kasparek

„Filmsehschule“ – Klappe, die Erste (Seite 2/3)

Kameraperspektiven

Unter dem Begriff der **Kameraperspektive** versteht man den Blickwinkel der Kamera auf die dargestellte Person oder den dargestellten Gegenstand. Die Betrachter eines Films sehen die Ereignisse immer aus der Sicht der Kamera. Der Blickwinkel vermittelt den Zuschauenden somit eine Erzählhaltung, erzeugt abwechslungsreiche Räume und nimmt die Zuschauer mit in seine Sichtweise. Man unterscheidet folgende fünf klassische Kameraperspektiven:

- **Froschperspektive:** Man sieht Personen oder Gegenstände von unten, sozusagen aus der Sicht eines Froschs.
- **Untersicht:** Diese Perspektive ist eine abgeminderte Form der Froschperspektive. Dennoch sieht man Personen aus einer leicht niedrigeren Position, etwa wie ein größeres Tier als ein Frosch.
- **Normalsicht:** Bei dieser Standardposition befindet sich die Kamera ungefähr auf Augenhöhe der dargestellten Personen, sodass der Blick der normalen Sehgewohnheit entspricht.
- **Aufsicht:** Man sieht Personen oder Dinge aus leicht erhöhter Position. Dies kann z. B. vorkommen, wenn eine erwachsene Person oder ein großes Tier auf ein Kind blickt.
- **Vogelperspektive:** Die Kamera schaut von einer deutlich erhöhten Position auf die Filmszene herab, wie es ein Vogel wahrnehmen würde.

3. Haltet die Wirkung der jeweiligen Kameraperspektive in den einzelnen Bildern (1–3) in Stichpunkten fest. Macht Verbesserungsvorschläge, sofern ihr eine andere Kameraperspektive für die Szene gewählt hättet. Begründet eure Meinung.

4. Überlege, warum es eine wichtige Entscheidung für die Filmproduktion ist, welche Kameraperspektiven für die Szene gewählt werden.

Autorin:
Maria Kasparek

„Filmsehschule“ – Klappe, die Erste (Seite 3/3)

5. Äußere eine Vermutung, welche Figuren aus dem Werk in den Screenshots dargestellt sind. Verorte die Szene im Handlungsverlauf des Werkes.

Bild	Figur/en	Szene
1		
2		
3		

6. Die Bilder sind zwar aus verschiedenen Kameraperspektiven aufgenommen, zeigen aber *fast* alle die gleiche Einstellungsgröße.
– Recherchiere diesen Fachbegriff. Notiere mindestens fünf klassische Einstellungsgrößen mit einer kurzen Erklärung in je einem Satz.

7. Halte auf einem gesonderten Blatt fest, in welchen Einstellungsgrößen die Bilder 1–3 aufgenommen wurden. Begründe deine Entscheidung.

Autorin:
Maria Kasparek

„Filmsehschule“ – Klappe, die Zweite (Seite 1/1)

1. Wählt gemeinsam eine Szene aus dem Werk aus und beschreibt, wie ihr diese filmisch umsetzen würdet.
- Bedenkt dabei auch die Wahl der Kameraperspektiven und Einstellungsgrößen.
- Halte eure Ideen in kleinen Skizzen zeichnerisch fest.
- Ihr könnt diese Skizzen auch beschriften, wenn ihr möchtet.

2. Häufig spricht man bei filmischen Umsetzungen von literarischen Werken von „Literaturverfilmungen“. Ein anderer bekannter Begriff heißt „filmische Adaption“.
- Recherchiere diesen Begriff. Halte stichpunktartig dessen Bedeutung auf einem gesonderten Blatt fest.

3. Äußere schriftlich eine Vermutung, warum viele Profis lieber von „Adaption“ statt von „Literaturverfilmung“ sprechen.

Autorin:
Maria Kasparek

„Film ab!“ – Experten betrachten einen Film (Seite 1/2)

1. Wähle einen der folgenden Aspekte aus, welchen du als „Experte/in“ während der Filmrezeption näher am Beispiel untersuchen möchtest.
– Findet euch in Gruppen für die Untersuchung dieses Aspekts:

- Lichtgestaltung
- Musik
- Filmsprachliche Besonderheiten (Kameraperspektive, Einstellungsgrößen, Kamerabewegung …)
- Inhaltliche Werkumsetzung des Originals (Schwerpunkt Handlung)
- Umsetzung der literarischen Figuren (Schwerpunkt Figurencharakterisierung, Schauspielleistung)
- Kulissen (Schwerpunkt Handlungsschauplätze des Werkes)

2. Schaut euch den Film an.
– Fertigt Stichpunkte zu eurem ausgewählten Beobachtungsschwerpunkt an. Notiert hierfür eure Beobachtungen und eine kurze Szenenverortung (z. B. Szene in Idas Haus: dunkle Räume, …). Hinweis: Ihr könnt euch auf einzelne Szenen des Films beziehen, ihr müsst nicht den gesamten Film analysieren. Merkt euch besonders auffällige Szenen für euren Beobachtungsschwerpunkt.
– Achtet hierbei immer auf die zwei Leitfragen: Was nehme ich wahr? Wie wirkt das Wahrgenommene auf mich?

Mein Beobachtungsschwerpunkt:

____

Meine Notizen dazu:

____

____

____

____

____

____

____

____

____

____

____

____

____

____

Autorin:
Maria Kasparek

„Film ab!“ – Experten betrachten einen Film (Seite 2/2)

3. Halte deinen persönlichen Gesamteindruck zum Film in der Gedankenblase fest.
- Du kannst hierbei auf Gelungenes oder weniger Gelungenes hinweisen oder einfach deine Gefühle und Gedanken nach dem Sehen notieren.

4. Trefft euch in den Expertengruppen (vgl. Aufgabe 2).
- Tauscht eure Beobachtungen aus.
- Haltet diese auf einem Plakat fest, um sie anschließend der Klasse zu präsentieren.

5. Präsentiert eure Ergebnisse vor der Klasse
- Stellt dem Publikum Fragen zu deren Eindrücken für euren Beobachtungsschwerpunkt.
- Diejenigen, welche nicht mit Präsentieren an der Reihe sind, sollten sich parallel Stichpunkte zu allen Beobachtungsschwerpunkten notieren, um selbst anschließend umfassend informiert zu sein.

Autorin:
Maria Kasparek

Du hast das Wort: Deine eigene Filmkritik verfassen (Seite 1/2)

Die Filmkritik

Bei einer **Filmkritik** handelt es sich um einen Text, der über einen Film informiert und diesen bewertet. Daran können sich Interessierte vorher orientieren, ob sich der Kinobesuch lohnt oder nicht. Wichtige Bestandteile einer solchen Kritik sind eine ansprechende Überschrift (z. B. „Der Film des Jahres …“) sowie grundlegende Informationen zum Film (Länge, Regisseur/in, Erscheinungsjahr, Drehort, Art des Films, Altersfreigabe). Meist folgt am Anfang eine kurze Inhaltsangabe (Wer sind die Hauptfiguren? Worum geht es? Wo und wann spielt die Handlung?). Nach diesen sachlichen Beschreibungen findet sich die individuelle Bewertung des/der Kritikers/in. Hier kann entweder auf den ganzen Film Bezug genommen werden oder es werden einzelne Aspekte (z. B. Schauspielerleistung, Lichtgestaltung, Musik, Kulissen, persönliche Gedanken während des Sehens) besonders hervorgehoben. Am Ende rundet eine Schlussfolgerung den Text ab. In dieser werden die wichtigsten Aussagen zusammengefasst. Es kann eine begründete Empfehlung für bestimmte Zielgruppen (z. B. Kinder im Alter von 10–12 Jahren) erteilt werden.

1. Was ist überhaupt eine Filmkritik?
– Nutze die Infobox und beschreibe mit eigenen Worten die Aspekte, die für dich eine Filmkritik darstellen.

2. Fertige ein Cluster an, in das du alle wichtigen Inhalte für deine Filmkritik zum „Herr der Diebe“ notierst.
– Orientiere dich dabei an den Aspekten, die du in Aufgabe 1 herausgefunden hast.
– Recherchiere im Internet notwendiges Hintergrundwissen zum Film für die „grundlegenden Filminfos“.

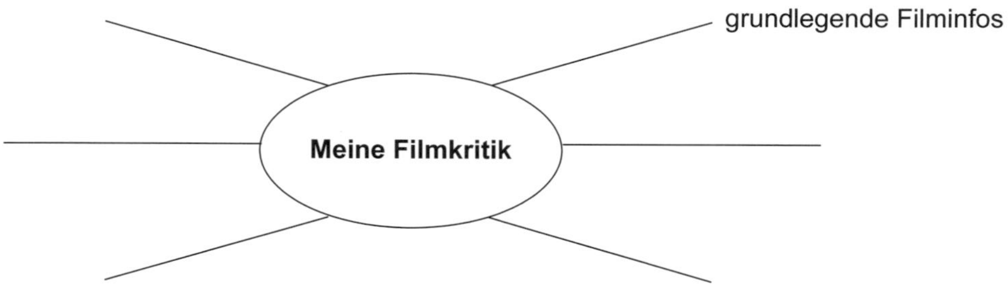

Autorin:
Maria Kasparek

Du hast das Wort: Deine eigene Filmkritik verfassen (Seite 2/2)

3. Lege einen Plan an, was an welcher Stelle deiner Filmkritik geschrieben werden sollte (Einleitung, Hauptteil, Schluss). Notiere Stichpunkte auf einem gesonderten Blatt. Orientiere dich an Aufgabe 2.

4. Überlege dir eine Überschrift, die andere Personen neugierig macht, deinen Text zu lesen.

____

5. Formuliere dein Filmurteil in zwei Sätzen, damit du weißt, worauf du hinarbeiten möchtest. Dies kann dir später bei der Schlussfolgerung helfen. Mögliche Formulierungen zur Darstellung deiner Meinung sind:

Alles in allem ein Film, der …

Ich denke/finde, dass …

Besonders gefallen hat mir …

Weniger gut finde ich …

Die Handlung/die Schauspieler/die Umsetzung des Werkes finde ich …

____

____

____

____

____

____

6. Stelle deinem Partner deinen Schreibplan vor (vgl. Aufgabe 3). Gebt euch gegenseitig Tipps, was noch verbessert werden kann.

7. Schreibe deine Filmkritik klar und verständlich auf einem gesonderten Blatt.
- Erkläre Fachbegriffe, sofern du welche verwendest.
- Formuliere kurze Sätze. Das macht es leichter, deinen Text zu verstehen.
- Schreibe im Präsens.

8. Lies die Filmkritik deines Partners und gib ihm Ratschläge, was noch verbessert werden kann. Trage hierzu an den rechten Rand des Textes mit Bleistift Hinweise ein.

9. Überlege nach dem Lesen der Filmkritik deines Partners, wie du diese insgesamt beurteilst.
- Lies die Sätze und setze ein „✓", wenn du zustimmst oder ein „?", wenn du findest, dass die Aussage nicht zu der Filmkritik passt.

☐ Das Lesen deiner Filmkritik hat Spaß gemacht.
☐ Du hast die wesentlichen Inhalte einer Filmkritik gut beachtet.
☐ Man erkennt eine Gliederung/einen logischen Aufbau in deinem Text.
☐ Dein Text liefert mir interessante Informationen zum Film.
☐ Die Kritik verrät noch nicht zu viel über den Film und weckt Interesse.
☐ Dein Urteil kann man gut erkennen und nachvollziehen.
☐ Ich würde mir aufgrund deiner Kritik den Film gern ansehen.

Autorin:
Maria Kasparek

Klassenarbeit (Seite 1/2)

1. Beschreibe das Bild in drei Sätzen.

Adobe Stock (Greg Brave), Dublin

____

____

____

____

2. Begründe schriftlich in maximal fünf Sätzen, warum das Bild zu der Hauptfigur des Werkes „Herr der Diebe“ passt.

3. Lies die Textauszüge. Unterstreiche alle Textstellen, welche Hinweise über den Charakter und das Aussehen Scipios geben.

Kinn und Mund leuchteten hell unter der schwarzen Maske, die Scipios Augen verbarg. Die lange gekrümmte Nase gab ihm das Aussehen eines gespenstischen Vogels. […].

Scipio zuckte die Achseln und fuhr sich mit schlanken Fingern durch das pechschwarze Haar. Es war so lang, dass er es meistens zu einem Zopf zusammenband. „Du weißt doch: Wo ich hineinwill, komme ich auch hinein.“ […]. Er war kaum älter als Prosper, obwohl er gern den Erwachsenen spielte und ein ganzes Stück kleiner als Mosca, selbst mit den hochhackigen Stiefeln, die er immer trug. Viel zu groß waren sie ihm, aber immer auf Hochglanz poliert, schwarze Lederstiefel, schwarz wie die seltsame lange Jacke, ohne die man nie ihn zu Gesicht bekam. Die Schöße reichten ihm bis an die Kniekehlen.

„Weck die anderen!“, befahl Scipio in dem herablassenden Ton, den Wespe so hasste. […]

Wie ein Gockel schritt er durch den Kinosaal, während Mosca und Prosper die anderen wachrüttelten.

„Ich sehe, ihr habt aufgeräumt!“, rief er. „Gut. Letztes Mal sah es hier aus wie in einem Schweinestall.“

„Hallo Scip!“ Bo krabbelte so hastig aus seinem Schlafsack, dass er fast über die eigenen Hände stolperte. Barfuß rannte er auf Scipio zu. Bo war der Einzige, der den Herr der Diebe Scip nennen durfte, ohne dafür einen eisigen Blick zu ernten.“ „Was hast du diesmal gestohlen?“, fragte er aufgeregt. Wie ein junger Hund sprang er um Scipio herum. Mit einem Lächeln nahm der Herr er Diebe einen schwarzen Beutel von der Schulter. […] (S. 32)

Bo beugte sich mit großen Augen über Scipios Beute. […] „Alles ganz echt, oder?“, fragte er und sah Scipio an.

Der nickte nur spöttisch, reckte die Arme, zufrieden mit sich und der Welt, und ließ sich auf die Seite sinken. „Nun, was sagt ihr? Bin ich der Herr der Diebe?“ (S. 34)

Bevor Victor fortfahren konnte, öffnete sich hinter ihm die Tür. „Vater“, sagte eine Jungenstimme. „Ich glaube, die Katze ist krank …“.

„Scipio!“ Dottor Massimos Gesicht verfärbte sich vor Ärger. Du siehst doch, dass ich Besuch habe. Wie oft soll ich dir noch sagen, dass du anklopfen sollst. […].“ Victor drehte sich um und blickte in ein Paar erschrockene schwarze Augen. „Es geht ihr wirklich nicht gut“, murmelte Dottor Massimos Sohn und senkte hastig den Kopf, aber Victor hatte ihn sofort erkannt. Sein Haar war zu einem strengen, kleinen Zopf zusammengebunden und seine schwarzen Augen blickten nicht so selbstbewusst wie bei ihrer letzten Begegnung, aber er war es ohne Zweifel […]. (S. 121–122)

Autorin:
Maria Kasparek

Klassenarbeit (Seite 2/2)

Und Scipio starrte zurück, das Gesicht blass und fremd. Dann kam er mit bleischweren Schritten die Treppe herunter. Bo lief ihm entgegen.
„Na, Scip?“ sagte er und blieb am Fuß der Treppe stehen. Aber Scipio antwortete nicht. Auf der letzten Stufe zögerte er und sah Prosper an. Schweigend erwiderte Prosper seinen Blick, bis Scipio den Kopf senkte. Als er ihn wieder hob, um etwas zu sagen, erschien ein Mann oben an der Treppe, groß und hager, mit den gleichen dunklen Augen, wie Scipio sie hatte. „Was machst du noch hier?“, rief er mit gelangweilter Stimme. „Hast du heute nicht Nachhilfeunterricht?“. […] Er war gekleidet wie eins der reichen Kinder, die man manchmal durch die Fenster der vornehmen Restaurants sah, wie sie dasaßen, stocksteif und mit Messer und Gabel aßen, ohne sich zu bekleckern. […]. (S. 173)

Scipio schluckte. „Das Mädchen sah doch nett aus. Und wenn die Kinder kein Zuhause haben, wieso sollen sie nicht in deinem Kino wohnen? Es steht doch leer.“
„Gott, was Kinder doch manchmal für absurde Dinge von sich geben. Es steht leer, na und? Meinst du, ich will deshalb, dass alle Streuner der Stadt sich dort verstecken?“
„Aber was wird denn jetzt aus ihnen?“ Scipio spürte, wie ihm heiß wurde. […] „Denkst du darüber nicht nach?“ „Nein.“ Überrascht sah sein Vater ihn an. Wie groß er war. „Was regst du dich so über das Geschick dieses Mädchens auf? So viel Anteilnahme zeigst du sonst höchstens für Katzen. Kennst du sie etwa doch?“
„Nein.“ Scipio hörte, wie seine Stimme lauter wurde. Er konnte nichts dagegen tun. „Nein, zum Teufel!“, rief er. „Muss ich sie kennen, damit sie mir Leid tut? Kannst du ihr nicht irgendwie helfen? Ich denk, du bist so unheimlich wichtig hier in der Stadt?“
„Geh in dein Bett, Scipio“, antwortete sein Vater und verbarg Gähnen hinter seiner schmalen Hand. „Herrgott, was für ein rundum verdorbener Abend.“
„Bitte!“, stammelte Scipio. Die Tränen stiegen ihm in die Augen, und es kamen immer neue nach, so ärgerlich er sie auch wegwischte. „Bitte Vater, vielleicht kennst du ja jemanden, der so ein Mädchen zu sich nimmt, sie hat doch nichts getan, sie ist doch bloß allein …“. […] „Himmel, ich glaube, du hast draußen zu lange den Mond angestarrt. Wahrscheinlich fängst du demnächst an, nach deinem Horoskop zu leben, so wie deine Mutter.“
„Das hat gar nichts mit dem Mond zu tun!“, brülle Scipio.“ „Du hörst mir ja sowieso nicht zu! Du weißt ja überhaupt nicht, wer ich bin! Du hast ja keine Ahnung!“ (S. 252)

Aus: Herr der Diebe, Hamburg: Oetinger Taschenbuch Verlag. 6. Auflage. 2016

4. Notiere die Ergebnisse von Aufgabe 3 stichpunktartig in der Tabelle. Achte darauf, dass du die gesammelten Informationen entweder Scipio als den „Herrn der Diebe“ oder als „Sohn des Herrn Massimo“ korrekt zuordnest. Halte wie im Beispiel fest, woher deine Informationen stammen.

	Scipio als „Herr der Diebe“	**Scipio als „Sohn des Herrn Massimo“**
Charakter	– herablassender Ton (S. 32)	
Äußere Merkmale		

5. Versetze dich in Scipio, als dessen Tarnung aufgeflogen ist. Verfasse einen Tagebucheintrag, in dem er über sich in seiner Doppelrolle und seine Gefühle nachdenkt (Umfang ca. 10–15 Sätze).

Autorin:
Maria Kasparek

Klassenarbeit (Seite 1/2)

1. Gestalte ein Quiz: Notiere dazu fünf Fragen zu den wesentlichen Inhalten des Werkes „Herr der Diebe“ mit jeweils einer richtigen und einer falschen Antwortmöglichkeit. Unterstreiche die korrekte Antwort.

Das Buch „Herr der Diebe“ erzählt über das Leben einer Kinderbande in Venedig/eines armen Mädchens, das von zuhause weggelaufen ist.

2. Erkläre die Besonderheit des Karussells der Barmherzigen Schwestern auf der Isola Segreta.

3. Stell dir vor, du hast die Möglichkeit, eine Fahrt auf dem Karussell der Barmherzigen Schwestern durchzuführen. Entscheide dich, ob du daran teilnehmen würdest oder nicht. Begründe deine Meinung.

Autorin:
Maria Kasparek

Klassenarbeit (Seite 2/2)

4. Lies den Auszug aus dem Text „Erwachsenwerden“ von Julia Engelmann. Fasse den Inhalt in fünf Sätzen mit deinen eigenen Worten zusammen.

Erwachsenwerden

Ihr fragt mich, was ich werden will,
ihr sagt mir, es wird jetzt langsam Zeit.
Aber ich weiß doch nicht mal, wer ich bin!
Ich fühle mich noch nicht bereit!

Und Kinder, wie die Zeit vergeht,
eben war ich noch so klein.
Ich will noch nicht erwachsen werden,
ich war grad gewohnt, ein Kind zu sein.

Und ich will nicht an morgen denken,
ich versuch mich abzulenken
und schwelge in Erinnerungen …

Und plötzlich gehöre ich zu den Leuten,
die Schülern sagen,
sie sollen ihre Schulzeit bloß genießen,
und mir wird klar, wie schön und sorglos
meine Kindheit war:
erstes Wort, Kinderhort,
Zahnlücken, Blumen pflücken,
Kindergarten, Klassenfahrten,
Carrerabahn, in Urlaub fahrn,
Rucksack tragen, Mama fragen,
Flaschendrehen, ins Kino gehen.

Da war das schlimmste Wort der Welt noch „doof“,
wer will denn da erwachsen werden?
Kindsein ist ein Ponyhof!

Und ich will nicht an morgen denken,
ich versuch mich abzulenken
und rede mir ein:

dass das Erwachsenenleben irgendwann
furchtbar anstrengend und fürchterlich überfordernd ist
und dass ich sowieso nie wieder Freizeit haben werde, […].

Aus: Julia Engelmann: Eines Tages, Baby. Poetry-Slam-Texte. München: Goldmann 2014.

5. Versetze dich in eine der folgenden Figuren. Verfasse eine kurze Antwort auf den Text von Julia Engelmann aus dieser Sicht. Zur Wahl stehen:
Scipio, Barbarossa, der Conte, Prosper oder Bo.

Autorin:
Maria Kasparek

Analyse und Interpretation

Biografie & Wirken

Cornelia Funke wird am 10. Dezember 1958 in Dorsten (Nordrhein-Westfalen) geboren. Nachdem sie zunächst als Erzieherin arbeitet und parallel dazu Buchillustration in Hamburg studiert, kommt sie schließlich selbst zum Schreiben. Seit 1986 arbeitet Funke als freischaffende Autorin und Buchillustratorin. 1988 erscheint ihr erstes eigenes Werk: „Die große Drachensuche oder Ben und Lisa fliegen aufs Dach der Welt". Mit „Herr der Diebe" gelingt ihr im Jahr 2002 der internationale Durchbruch. Die bereits zwei Jahre vorher erschienene deutsche Ausgabe wird 2002 in den USA herausgegeben und führt über mehrere Monate die Beststellerliste an. Von 2001 bis 2003 erhält die Autorin zahlreiche Auszeichnungen und Ehrungen für ihr Werk „Herr der Diebe", so u.a. 2001 den *Preis der Jury der jungen Leser* und 2002 den *evangelischen Buchpreis*. Innerhalb von zwanzig Jahren veröffentlicht sie über vierzig Bücher mit einer weltweiten Auflage von über zehn Millionen Exemplaren. Bis 2005 lebt die Autorin mit ihren beiden Kindern sowie ihrem Mann in Hamburg. Danach zieht sie nach Los Angeles. Privat und beruflich engagiert sie sich als offizielle Patin des Kinderhospizes in Bethel und ist deutsche Botschafterin der UN-Dekade Biologische Vielfalt. Neben früheren Werken kommt ihr mit der Tintenwelt-Trilogie „Tintenherz" (2003) „Tintenblut" (2005) sowie „Tintentod" (2007) große Anerkennung zu. Bald erscheinen zahlreiche Theateradaptionen sowie filmische Umsetzungen ihrer Werke.

Inhalt, Themen und Motive

Geschichten über Kinder, die nicht erwachsen werden wollen, wie z.B. *Peter Pan* oder *Pippi Langstrumpf* gibt es eine Menge. Cornelia Funke war aber ein Kind, das sich nichts mehr wünschte, als erwachsen zu sein. Die es gar nicht abwarten konnte, endlich all das zu tun, was man als Kind nicht tun kann. Sie wollte erwachsen sein und eines Tages kam ihr die Idee, eine Geschichte über so einen Jungen zu schreiben. Die Themen Freundschaft, Abenteuer, Erwachsen- und Kind sein spielen hier genauso eine Rolle wie die Motive Vertrauen, Vergeben und Sehnsucht.

Zum Inhalt von „Herr der Diebe"

Nach dem Tod ihrer Mutter beschließen Bo und Prosper nach Venedig zu fliehen, da ihre Tante Esther und ihr Onkel Max Hartlieb lediglich den niedlichen Bo adoptieren möchten und somit die Brüder trennen wollen. Kaum in Venedig angekommen, treffen die Kinder auf Scipio, den „Herr der Diebe". Von nun an wird das Zusammenleben einer Bande, bestehend aus sechs Kindern im Alter zwischen fünf und 13 Jahren, erzählt. Alle verstecken sich im Stella, einem verlassenen Kino. Ihren Lebensunterhalt decken die Kinder durch die vermeintliche Diebesbeute ihres Anführers Scipio ab.

Gleichzeitig entwickelt sich die Handlung durch die Suche der Hartliebs nach den beiden Brüdern. Die scheinbare Ruhe und das Gefühl der Vertrautheit der Bande wird durch den Handlungseintritt des Detektivs Victor, welcher von den Hartliebs beauftragt wurde, gestört. Jedoch entwickelt sich Victor im Verlauf der Handlung zu einem Vertrauten. Obendrein erhält Scipio einen Auftrag des geheimnisvollen Conte. Dieser fordert, dass der Herr der Diebe einen hölzernen Löwenflügel aus dem Haus der Fotografin Ida Spavento stehlen soll. Im Gegenzug erhält Scipio eine beträchtliche Summe Geld. Der Einbruch bei der Dame misslingt, sie bietet jedoch ihre Hilfe und den Flügel an, sofern sie Teil der Auftragserledigung für den Conte werden darf. Diese Umstände führen die Kinderbande zu einer Legende um ein magisches Karussell auf der „Isola Segreta". Mitten in diesen Geschehnissen kommen die Heranwachsenden jedoch auch einem Verrat auf die Schliche: Sie enttarnen ihren bis dahin bewunderten Anführer Scipio, der kein Waisenkind ist, sondern der Sohn eines wohlhabenden und angesehenen Mannes in Venedig. Dieser Betrug zerrüttet den Zusammenhalt der Kinderbande und das Vertrauen der Einzelnen zu Scipio.

Einhergehend mit dem Diebeszug für den Conte versuchen sie, den Vorfall jedoch hintergründig werden zu lassen. So machen sich Prosper und Scipio, gemeinsam mit Ida Spavento und dem Händler Barbarossa, auf den Weg zu der geheimnisvollen Insel. Dort befindet sich ein Karussell mit mystischen Figuren, auch dem Löwen, welchem der hölzerne Flügel entwendet wurde. Als sie den bei Ida gefundenen Flügel wieder ansetzen, gewinnt das Karussell magische Kräfte: Es verfügt über die Fähigkeit, Erwachsene zu verjüngen und Kinder erwachsen werden zu lassen. Dieser Umstand ist für Scipio eine Sensation. Endlich sieht er eine Möglichkeit, erwachsen zu werden und sich seinem kaltherzigen, dominanten Vater zu widersetzen. Allein Prosper schreckt vor einer Verjüngungsfahrt zurück, während der Conte und seine Schwester die Gelegenheit nutzen. Da der kleine Bo inzwischen von den Hartliebs geschnappt und das Mädchen der Kinderbande (Wespe) ins Waisenhaus gesteckt wurde, gilt es nun noch mit einem Trick von Ida, die Kinder wieder zu vereinen. Nachdem die Rettung von Wespe aus dem Waisenhaus gelungen ist, entscheiden sich Esther und Max gegen den betont frechen Jungen Bo, da sich dieser nicht ihren Vorstellungen gemäß verhält. Da kommt der inzwischen durch die Karussellfahrt verjüngte Barbarossa als Ersatz gerade richtig.

Schauplätze

Neben dem Sternenversteck („Stella") kommt auch dem Haus von Ida eine zentrale Bedeutung für das Textverständnis zu. Äußerlich sind beide Schauplätze alt und heruntergekommen, während sie jedoch eine innerliche Wärme besitzen. Sie vermitteln den Figuren ein Gefühl der Geborgenheit und beherbergen die letzten Schätze der Kinder (Bücher, Angelutensilien, ein altes Radio, ...). Im Gegensatz zu dem Waisenhaus und dem später enttarnten, herrschaftlichen Haus der Familie Scipios erleben die Kinder dort einen Ort des zufriedenen Kind seins und der Lebendigkeit.

Sprache, Stil und Genre

Der Roman ist weitgehend in Standardsprache verfasst. In den Dialogen wird jedoch Funkes Talent ersichtlich, Jugendsprache dezent und authentisch einzusetzen. Die Figuren wirken lebendig und glaubhaft. Das Werk schafft es, z. B. durch eine treffende Verwendung von Adjektiven in der Beschreibung der Orte und Situationen, ein Gefühl der Unmittelbarkeit zu initiieren und die Vorstellungsbildung der Leser/innen anzuregen. Da die Handlung aus verschiedenen Perspektiven erzählt wird, haben die Rezipienten die Möglichkeit, unterschiedliche Sichtweisen nachzuvollziehen. Mit fortschreitendem Handlungsgang kommen fantastische Elemente ins Spiel, wodurch das Kinder- und Jugendbuch verschiedene Genres miteinander verknüpft.

Figurencharakterisierung und Konstellation

Scipio, der Titelheld, erweist sich als eine dynamische Figur. Als Anführer der Bande gibt er sich als Waisenkind aus, versorgt die Kinder durch scheinbare Diebstahlbeuten, um deren notwendige Grundbedürfnisse stillen zu können. Hier fungiert er als Helfer der elternlosen Kinder, da sie sich alleine nicht versorgen könnten. Das Tragen der äußerlichen Maske ist jedoch auch inhaltlich von zentraler Bedeutung. Als Sohn wohlhabender Eltern versucht er durch eine falsche Identität, einen Ausweg aus dem tristen Leben zu finden und erntet endlich die Anerkennung, welche ihm seine Familie vorenthält. Es mangelt ihm offensichtlich an Liebe und einem Gefühl der Geborgenheit, welche die Ambiguität seiner Figur als eitlen, dominanten und geltungsbedürftigen Bandenchef einerseits und andererseits als unsicheren, unterwürfigen und unglücklichen Sohn des Herrn Massimo hervorbringt.

Nach der Enttarnung Scipios übernimmt Prosper unausgesprochen die Führungsposition in der Bande. Er zeigt sich von Beginn an als verantwortungsbewusst und fürsorglich im Umgang mit seinem kleinen Bruder. Sein Gerechtigkeitssinn und Verhandlungsgeschick im Umgang mit Barbarossa lassen sein Ansehen bei den anderen Figuren zunehmend steigen. Bo gewinnt durch sein unschuldiges und sympathisches äußerliches Auftreten schnell die Herzen aller Romanfiguren und Leser/innen. Gleichwohl zeigt er sich mitunter auch trotzig und stur gegenüber den Ansagen seines großen Bruders. Dennoch wird die bedeutende Rolle Prospers als eine Art Elternersatz deutlich. Die Beziehung der beiden Brüder ist von ehrlicher Liebe und Fürsorge geprägt.

Jene Fürsorge trifft auch auf Wespe zu. Als einziges Mädchen der Gruppe sorgt sie stets für Harmonie und übernimmt scheinbar auch die klassische Mutterrolle für Bo. Sie zeigt sich obendrein als eine selbstbewusste und intelligente Heranwachsende, die selbst dem von ihr zunächst stark bewunderten Herrn der Diebe mitunter kritisch gegenübersteht. Ihre Sehnsucht nach einem glücklichen familiären Zusammenleben zeigt sich besonders gegen Ende, als sie bei Ida wohnen darf.

Anders als sie vertraut Riccio keinem Erwachsenen. Er ist verletzlich, wenn etwas nicht funktioniert, zeigt sich aber auch als überzeugter Dieb, raucht und bringt seine Meinung mitunter mit harten Worten zum Ausdruck. Er ist entscheidend für den Ausschluss Scipios nach dessen Verrat verantwortlich. Er urteilt entschlossen und abgehärtet über sein Handeln. Gemeinsam mit Mosca schließen sie sich nicht dem sicheren Leben bei Ida an, und wollen ihr Leben als Straßenkinder fortsetzen. Mosca ist der Größte der Gruppe, wobei weder der richtige Name noch das Alter des Jungen klar sind. Auch er übernimmt einen Teil der Fürsorge innerhalb der Gruppe, indem er kocht. Er zeigt sich eher zurückgezogen und hat noch eine Familie, möchte jedoch nicht zu dieser zurückkehren.

Die Figuren Victor und Ida fungieren zunehmend als Helfer und Elternersatz. Victor entwickelt sich vom Detektiv zum Freund der Kinder.

Kommentare und Lösungen

Modul 1: Zugänge

Intention	Das Modul ermöglicht erste Zugänge zum Roman zu schaffen. Damit wird die Lesemotivation der Schüler geweckt.
Zeitbedarf (eine Stunde bezeichnet jeweils 45 Minuten)	2 Stunden
Material	KV 1.1 (obligatorisch)
Didaktische Hinweise	KV 1.1. wird vor der Lektüre des Romans eingesetzt. Nach der 1. Aufgabe sollten die Bücher ausgeteilt werden. Bei Aufgabe 8 kann das Hörbuch (Jumbo neue Medien & Verlag GmbH. 2005) ergänzend verwendet werden.
Sozialform	Unterrichtsgespräch, Einzelarbeit, Partnerarbeit
Zielstellungen/ Kompetenzbeschreibungen KV 1.1	Die Schüler erwerben und verfügen über folgende Kompetenzen: Sie - formulieren Erwartungen über den Inhalt des Werkes. - analysieren das Buchcover und vergleichen es mit ihren Erwartungen. - untersuchen den Klappentext. - werden für den Handlungsort und dessen zentrale Bedeutung sensibilisiert.
Durchführung/ Unterrichtsschritte KV 1.1	1. Die Schüler stellen anhand des Titels Vermutungen zum Wesen der Hauptfigur an. 2. Sie beschreiben das Buchcover und vergleichen anschließend die Illustration mit ihren Vermutungen. 3. Sie stellen begründete Vermutungen über den Handlungsort an. 4. Sie vergleichen ihre Erwartungen mit ersten Hinweisen durch den Klappentext und untersuchen allgemeine Funktionen eines Klappentextes. 5. Sie werden für die zentrale Bedeutung des Handlungsortes durch eine erste Textbegegnung sensibilisiert und reflektieren die Wirkung des Ortes.

Lösungen

Kopiervorlage 1.1 → Seite 8–9

1. Individuelle Schülerlösungen
2. Das Buchcover zeigt im Vordergrund eine dunkelhaarige Person mit schwarzen Stiefeln und schwarzen Umhang sowie einer schwarzen, vogelähnlichen Maske, die auf einer Brücke mit einem Löwenkopf steht. Auf der Brücke sind kleine Verzierungen zu sehen, z. B. kleine Wassermenschen. Durch die Maske ist das Gesicht der Person verdeckt. Diese schaut zur Seite, als ob sie etwas beobachten würde. Im Hintergrund erkennt man herrschaftliche Häuser mit vielen Säulen und roten Dächern. Die Farbe Blau dominiert das Bild.
3. Individuelle Schülerlösungen
4. Venedig oder eine andere Stadt an einem Gewässer liegt nahe, sofern die Schüler die Wassermenschen auf der Brücke bereits erkannt haben oder durch die typische Brückengestaltung Rückschlüsse auf die Stadt ziehen können.
5. Ein Klappentext informiert über ein Buch, ohne den Handlungsverlauf vorwegzunehmen. Er benennt zentrale Figuren und oft auch Themen (mögliche Themen: Entführung, Ermittlung, Abenteuer, Freundschaft). Er dient dazu, Interesse bei dem Leser zu wecken.

6.
- „Herr der Diebe“ ist der Anführer einer Kinderbande
- Handlungsort: Venedig
- „Herr der Diebe“ versorgt die Kinder durch den Verkauf seiner vermeintlichen Diebesbeute
- niemand weiß etwas über ihn
- Prosper und Bo sind auf der Flucht und finden bei ihm Unterschlupf
- Detektiv verfolgt die Kinder

7.–8. Individuelle Schülerlösungen

9. Möglich wären: *faszinierend* (da Mauern mit Gold überzogen, spiegelnde Sonne in den Kanälen, Engel auf den Dächern ...); *geheimnisvoll* (da Kirchen und Paläste inmitten des Gewässers, Drachen auf den Dächern, ...); aber auch *beängstigend* (da Victor träumt, dass das Haus in den Wellen versinkt).

10. Individuelle Schülerlösungen

Modul 2: Häusliche Lektürephase

Intention	Die selbstständige Lektüre sowie das Bewusstwerden von individuellen Leseeindrücken und Geschmacksurteilen stehen im Vordergrund.
Zeitbedarf	ca. 14 Tage häusliche Lektürephase, anschließend 1–2 Stunden im Unterricht
Material	KV 2.1 (obligatorisch), KV 2.2 (fakultativ)
Didaktische Hinweise	KV 2.1: Aufgabe 1 ist Hausaufgabe und bietet eine Differenzierungsmöglichkeit nach Interesse und Lerntyp. Die Methode des Galeriespaziergangs ermöglicht einen kooperativen Aufbau der Unterrichtsstunde. Für die 5. Aufgabe wird ein Internetzugang benötigt. Ziel ist, dass die Lerngruppe sich mit der Internetseite der Autorin auseinandersetzt und einzelne Ergebnisse der vorherigen Aufgabe 4 tatsächlich auf ihrer Seite postet. KV 2.2: Bietet ergänzend die Möglichkeit, den Eindrücken der Schüler nach der häuslichen Lektüre auf kreative Weise Raum zu geben.
Sozialform	Einzelarbeit, Unterrichtsgespräch
Zielstellungen/ Kompetenzbeschreibungen KV 2.1	Die Schüler erwerben und verfügen über folgende Kompetenzen: Sie - erarbeiten sich sukzessiv ein individuelles Textverständnis. - bringen ihr erstes Textverstehen mittels eines Bildes oder Songtextes zum Ausdruck und vergleichen dies mit anderen Auffassungen. - sammeln Kenntnisse über die Autorin. - formulieren offene Fragen oder Geschmacksurteile über das Werk.
Durchführung/ Unterrichtsschritte KV 2.1	1. Die Schüler lesen das Werk eigenständig. 2. Sie setzen sich durch die begründete Wahl eines Bildes oder eines Songtextausschnittes mit ihrem ersten Textverständnis auseinander. 3. Sie tauschen sich über ihr Textverständnis aus und reflektieren über die eigenen Gedanken im Galeriespaziergang. 4. Sie formulieren individuelle Fragen oder Geschmacksurteile zum Werk. 5. Sie erkunden die Internetpräsenz der Autorin und erweitern so ihr Wissen über die Biografie und literarische Wirksamkeit der Autorin Cornelia Funke.
Zielstellungen/ Kompetenzbeschreibungen KV 2.2	Die Schüler erwerben und verfügen über folgende Kompetenzen: Sie - artikulieren ihre Geschmacksurteile und Empfindungen zum Werk.
Durchführung/ Unterrichtsschritte KV 2.2	1. Die Schüler halten ihre Leseeindrücke auf emotionale oder eher rationale Weise fest. 2. Sie erweitern ihre Kreativität sowie die Ausdrucksmöglichkeiten mit drei eigenen Satzanfängen.

Lösungen

Kopiervorlage 2.1 → Seite 10

1.–5. Individuelle Schülerlösungen

6. Lohnenswerte Internetseiten für die Recherche sind u. a.: http://www.corneliafunke.com sowie http://funke-buch.de.

Kopiervorlage 2.2 → Seite 11

Beide Aufgaben erfordern individuelle Schülerlösungen. Zur Verdeutlichung der Methode „Nachdenken mit allen Sinnen" seien im Folgenden jedoch einige Beispiele genannt:

1. Beispiele:
- „Meine Faust ballt sich, wenn *jemand seine Freunde so belügt wie Scipio es getan hat.*"
- „Das hat mir besonders gut gefallen, *dass Victor die Kinder nicht verraten hat.*"
- „Mein Herz schlägt für *Wespe, da sie sich wie eine Mutter um die Kinder kümmert, indem sie zum Beispiel abends immer vorliest.*"
- „Meine Knie zittern, wenn *ich mich in die Situation des Einbruchs bei Ida Spavento hineinversetze*, da ja *keiner wusste, ob sie lieb reagiert oder die Bande an die Polizei oder das Waisenhaus verrät.*"
- „Das packe ich in meine Hosentasche, weil ich später nochmal darüber nachdenken möchte: *ob ich persönlich Scipio verzeihen würde oder nicht.*"

2. Beispiele für weitere eigene Satzanfänge:
- „Mein Bauchgefühl sagt mir …"
- „Mir stehen die Haare zu Berge, wenn …"
- „Meinen Daumen kriegt Funke für …"

Modul 3: Figuren und ihre Handlungsmotive erschließen

Intention	Das Modul dient dazu, sich genauer mit den Figuren des Werkes auseinanderzusetzen. Insbesondere soll die Entwicklung des Titelhelden sowie der Wandel der Beziehung der Nebenfiguren zur Hauptfigur untersucht werden.
Zeitbedarf	3 Stunden (KV 3.1), 3 Stunden (KV 3.2), 1 Stunde (KV 3.3), 2 Stunden (KV 3.4), 2 Stunden (KV 3.5)
Material	KV 3.1 (obligatorisch), KV 3.2 (fakultativ), KV 3.3 (obligatorisch), KV 3.4 (obligatorisch), KV 3.5 (fakultativ)
Didaktische Hinweise	KV 3.1: Es ist sinnvoll, einige szenische Übungen zum bewussten Einsatz von Mimik und Gestik vor Aufgabe 1 durchzuführen und ggf. die Figurenanzahl zu verkleinern. Die 4. Aufgabe setzt die Graffiti-Methode um. Hierbei ist ein kooperativer Dreischritt eingebaut. Nachdem jede Person ihre individuellen Eindrücke und Erinnerungen zu jeder Figur auf kreative Weise farbig auf die Plakate notiert hat, ist es sinnvoll, einen Zwischenschritt einzubauen, sodass jeder die Gedanken der anderen lesen kann. Nachfolgend werden Teams pro Figur gebildet, welche basierend auf den Ergebnissen der ersten Phase die Aspekte sortieren. Als zusätzliche Leistungsdifferenzierung können Fragen aus Aufgabe 8 aus Sicht der jeweiligen Figur beantwortet werden. KV 3.2: Im Anschluss an die Modenschau erhalten die Zuschauer und Darsteller die Möglichkeit, ihre Interpretation zu erklären oder Fragen zu äußern. Der Text für die Moderation kann stichpunktartig oder als vollständiger Text verlangt werden. KV 3.4: Sofern die Gruppe die Methode der Stimmenskulptur nicht kennt, kann die Lehrkraft basierend auf dem Methodenkasten kurz ein Beispiel geben oder gemeinsam ein Beispiel erarbeiten. KV 3.5: Bei der Positionierung können manche Schüler unschlüssig sein, wie sie das Handeln Scipios beurteilen sollen. Diese Unentschlossenheit kann zugelassen werden.
Sozialform	Unterrichtsgespräch, Einzelarbeit, Partnerarbeit, Gruppenarbeit
Zielstellungen/ Kompetenzbeschreibungen KV 3.1	Die Schüler erwerben und verfügen über folgende Kompetenzen: Sie – trainieren ihre Fähigkeit des szenischen Interpretierens. – reflektieren über die Beziehung der Figuren zueinander. – halten ihre individuellen Eindrücke zu den einzelnen Figuren schriftlich fest. – analysieren eine ausgewählte Figur des Werkes mithilfe von Seitenangaben. – fertigen einen Steckbrief an und präsentieren diesen. – wählen eine Figur aus, welcher sie drei Fragen stellen dürfen.

Durchführung/ Unterrichts-schritte KV 3.1	1. Die Schüler bilden je zu zweit ein Team aus Darsteller sowie Regisseur und bauen Standbilder. 2. Sie reflektieren über die Figurenkonstellation, nehmen ggf. Veränderungen vor und begründen diese. 3. Sie halten Eindrücke zu den einzelnen Figuren auf Plakaten fest. 4. Sie bilden Teams und setzen sich mit einer Figur genauer auseinander. 5. Sie fertigen in Teams einen Steckbrief an und präsentieren diesen der Klasse. 6. Sie wählen sich selbstständig eine Figur aus und formulieren drei Fragen an sie.
Zielstellungen/ Kompetenz-beschreibungen KV 3.2	Die Schüler erwerben und verfügen über folgende Kompetenzen: Sie – üben das szenische Interpretieren. – charakterisieren eine Figur und bringen diese Ergebnisse in die literarische Modenschau ein.
Durchführung/ Unterrichts-schritte KV 3.2	1. Jeweils zwei Schüler entscheiden sich für eine Figur für die literarische Modenschau. 2. Sie verleihen ihrer Figur einen Künstlernamen (= Apposition). 3. Sie entwickeln Kenntnisse zur Charakterisierung einer literarischen Figur nach inneren, äußeren und sozialen Merkmale und wenden diese auf ihre Figur an. 4. Sie setzen ihre Analyseergebnisse praktisch um, indem sie Musik und Kostüm passend zur Figur auswählen und sich eine passende Mimik und Gestik überlegen. 5. Sie notieren Ideen für die Moderation der Modenschau und planen ihren Text. 6. Sie setzen in Teams ihren Beitrag zur literarischen Modenschau im Plenum um.
Zielstellungen/ Kompetenz-beschreibungen KV 3.3	Die Schüler erwerben und verfügen über folgende Kompetenzen: Sie – beschreiben ein Bild und setzen dieses in Zusammenhang mit dem Titelhelden. – setzen sich mit dem ambivalenten Charakter des Protagonisten auseinander. – trainieren ihre Fähigkeit zur Textanalyse. – reflektieren über die Bedeutung eines werkexternen Zitates.
Durchführung/ Unterrichts-schritte KV 3.3	1. Die Schüler beschreiben ein Bild und stellen eine Verbindung zur Figur Scipio her. 2. Sie finden einen Titel für die beiden Rollen der Figur im Werk. 3. Sie notieren Stichpunkte für die Rollenauftritte der Figur und vergleichen diese im Anschluss im Plenum. 4. Sie stellen einen Zusammenhang zwischen einem Zitat und der Figurencharakterisierung Scipios her.
Zielstellungen/ Kompetenz-beschreibungen KV 3.4	Die Schüler erwerben und verfügen über folgende Kompetenzen: Sie – analysieren Textausschnitte unter einer bestimmten Fragestellung. – wenden die Regeln des korrekten Zitierens an. – interpretieren die Figurensichtweisen szenisch. – erweitern die Äußerungen der Figuren. – versetzen sich in eine Figur durch szenisches Lesen und entwickeln ihre Empathiefähigkeit. – fördern ihre sprachlichen Kompetenzen durch das Verfassen und Überarbeiten eines Tagebucheintrages.
Durchführung/ Unterrichts-schritte KV 3.4	1. Die Schüler zitieren Textstellen aus dem Werk und beachten dabei die Zitierregeln. 2. Sie inszenieren in Kleingruppen eine Stimmenskulptur und führen diese vor. 3. Sie verfassen einen Tagebucheintrag über Scipios Gefühle und Gedanken. 4. Sie überprüfen den Tagebucheintrag anhand von Kriterien.
Zielstellungen/ Kompetenz-beschreibungen KV 3.5	Die Schüler erwerben und verfügen über folgende Kompetenzen: Sie – erweitern ihre Fähigkeiten szenisch zu interpretieren sowie zur Perspektivübernahme. – reflektieren die Handlungsentwicklung des Werkes. – positionieren sich zum Handlungsgeschehen. – transferieren die Inhalte des Werkes auf ihr eigenes Leben.
Durchführung/ Unterrichts-schritte KV 3.5	1. Die Schüler bilden Figurengruppen mit allen Figuren für den Gerichtsprozess. 2. Sie erarbeiten in den Gruppen stichpunktartig Äußerungen für den Prozess. 3. Eine Person spielt die jeweilige Figur und nutzt die Stichpunkte für die Inszenierung. Alternativ: eine Figur wird von mehreren Personen gespielt (mit Prozessunterbrechung). 4. Sie setzen den Prozess szenisch um. 5. Nach dem Gerichtsprozess gelangen die Darsteller zu einer eigenen Positionierung. 6. Basierend auf der Positionierung in Aufgabe 4 fällt jeder ein persönliches Urteil. 7. Die Schüler reflektieren über Parallelen des Handlungsgeschehens zum eigenen Leben.

Lösungen

Kopiervorlage 3.1 → Seite 12–13

1.–5. Individuelle Schülerlösungen

6.–8. Die Textanalyse zu den einzelnen Figuren sollte folgende Ergebnisse hervorbringen, welche auch in den Steckbriefen (Aufgabe 7) integriert werden sollten:

Scipio:
- schmale Gestalt, schwarze Maske, verborgene Augen, lange gekrümmte Nase, Aussehen wie ein gespenstischer Vogel
- pechschwarzes Haar, meistens zu Zopf gebunden, kaum älter als Prosper, spielt aber gern den Erwachsenen; obwohl kleiner als Mosca, hochhackige Stiefel, die ihm zu groß waren, aus schwarzem Leder, hochglänzend, schwarze lange Jacke; herablassender Ton
- selbstbewusst und auf Anerkennung ausgelegt, andere Figuren denken, er sei im Waisenhaus aufgewachsen und von dort weggelaufen
- schläft nie bei den anderen, keiner weiß, wo er die Nächte verbringt
- mag es nicht, wenn alles dreckig ist (im Stella), deshalb sollen andere aufräumen; hat der Bande ein sehr „herrschaftliches Versteck" besorgt
- Anführer und Versorger der Kinderbande, besorgt Beute, Kinder sollen es zu Geld machen
- gleichzeitig auch zweite Rolle: nicht selbstbewusst, stocksteif, erschrocken
- blasses Gesicht, fremd, schwere Schritte, gesenkter Kopf, zögerlich
- gekleidet wie ein reiches Kind, besitzt Vater und Mutter, die jedoch viel unterwegs ist
- wohnt in einer Art Palast, mit Dienstmädchen, Hof mit Brunnen; hat Freunde angelogen

Bo:
- blond, klein, breites Lächeln, fünf Jahre alt
- blond wie ein Engel
- sieht das Stehlen als aufregendes Spiel an und erkennt Ernst der Lage noch nicht
- bewundert Scipio und will ihm bei seinen Diebesgeschäften helfen
- teilt sich mit Prosper eine Matratze im Stella, liegen dicht aneinander; besitzt Plastikfächersammlung
- würde gern mit in die vornehmen Häuser, um Scipio beim Stehlen zu helfen

Prosper:
- älter als Bo; ernst, dunkles Haar, legt Arm um Bo als wolle er ihn beschützen
- zwölf Jahre alt; Name bedeutet „der Glückliche"
- ist besorgt und vorsichtig, dass die beiden Brüder nicht entdeckt werden
- träumt nachts von Esther und hat Angst, dass die Brüder getrennt werden; hat gelernt zu stehlen (aus Not), wobei er es aber hasste und viel Angst hatte
- will Bo von Scipios Einfluss zurückhalten, zweifelt manchmal, ob Entscheidung richtig war, Bo aus dem Haus des Großvaters mitzunehmen
- soll Verhandlungen mit Barbarossa übernehmen

Wespe:
- schmale Gestalt, braunes Haar zum Zopf geflochten bis zur Taille; deshalb ihr Spitzname „Wespe"
- zwölf Jahre alt
- sie selbst will keinen anderen Namen als ihren Spitznamen
- kümmert sich um Notwendiges, wie Einkaufsliste
- hat Bo und Prosper auf der Flucht von Hamburg nach Venedig entdeckt und mit ins Versteck genommen
- kümmert sich darum, dass die Gruppe das Geld nicht zu schnell ausgibt
- besitzt viele Bücher
- liest zum Einschlafen vor
- sie hasst den herablassenden Ton von Scipio, findet Bewunderung von Bo für Scipio übertrieben
- war mitunter aber auch beeindruckt von Scipios Beute

Mosca:
- will an seinem Radio rumbasteln
- dunkle Haut
- besitzt Werkzeugkiste und Angelrute; sein größter Schatz: ein kupfernes Seepferd unter dem Kopfkissen
- ist der Größte und Kräftigste von allen
- zieht meist mit Riccio gemeinsam los, um die ausgewählten Paläste zum Stehlen auszukundschaften
- Alter nicht genau bekannt, zwischen zwölf und 15 Jahre alt

Riccio:
- braunes struppiges Haar (deshalb der Name: Riccio – der Igel), relativ klein
- hat viele Comichefte und Stofftiere
- ist im Waisenhaus aufgewachsen, von zuhause weggelaufen
- Alter nicht bekannt, zwölf oder 13 Jahre alt
- oft mit Mosca unterwegs, um neue Diebesorte auszukundschaften

Victor:
- Familienname „Getz"
- betreibt Ermittlungen aller Art, internationale Kunden, besitzt viele Utensilien als Detektiv (Bärtesammlung, Mützen, Perücken usw.)
- spricht sehr gut Englisch, viel Erfahrung als Detektiv
- ist als Kind selbst einmal weggelaufen, aber allein, jedoch vermutlich nur einen Tag; empfindet keine Sympathie für die Eheleute Hartlieb, besitzt Schildkröten und redet mit ihnen; lebt schon mehr als 15 Jahre in Venedig
- findet, dass Prosper und Bo schöne Namen seien, auch wenn sie seltsam klingen

Herr und Frau Hartlieb:
- argwöhnischer Blick bei Erstbegegnung mit Victor
- Max Hartlieb: mürrisches Gesicht, verschränkte Arme, sehr groß, Sonnenbrand, kleine, farblose Augen, versteht vermutlich keinen Spaß, Esther Hartlieb: spitze Nase, lächelt fast nie
- Prosper und Bo sind Söhne der verstorbenen Schwester, Hartliebs wollen aber nur Bo adoptieren
- mögen seltsame Namen von Prosper und Bo nicht
- Esther, beruflich stark eingebunden, deshalb keine Zeit die Kinder zu suchen ⟶ Detektiv beauftragt; geben Mutter von Bo und Prosper die Schuld für Verschwinden (da ständig von Venedig erzählt)
- Max Hartlieb trägt Krawatte; sind vermutlich vermögend, da viel Geld ausgegeben, um nach Venedig zu kommen

Ida:
- wohnt wohlhabend (Teppich auf Boden, viele Decken und Kissen)
- wie Wespe besitzt sie viele Bücher
- in der ersten Begegnung mit den Kindern: unerschrocken, mutig, selbstbewusst, eher ungewöhnlich gelassen, dafür, dass die Bande bei ihr eingebrochen ist
- ironisch (fragt, ob sie die Kinder eingeladen habe), raucht, besitzt ein Gewehr, realistischer Blick auf die Dinge, weiß anscheinend, wie es auf der Straße läuft
- neugierig (will am Auftrag des Conte teilhaben)
- kleidet sich unkonventionell
- fürsorglich (nutzt Verbindung zum Waisenhaus, um Wespe zu helfen), große Spenderin des Kinderheims, barmherzige Schwestern verehren sie sehr
- Familiensinn, herzlicher Charakter, lädt Kinder ein, bei ihr zu leben, trägt ungewöhnliche Ohrringe; unkonventionelle Art

8. Individuelle Schülerlösungen

Kopiervorlage 3.2 → Seite 14–15

1.–2. Individuelle Schülerlösungen

3. Notwendige Informationen pro Figur für die Moderation finden sich in den Lösungen zu Aufgabe 7 der Kopiervorlage 3.1. Sollten den Schülern Beispielseiten für die Textanalyse vorgegeben werden, können Sie sich an den ausgewählten Seiten der Kopiervorlage 3.1 orientieren. Die literarische Modenschau stellt eine handlungsorientierte Variante der Charakterisierung literarischer Figuren dar und kann ergänzend eingesetzt werden. In diesem Fall wäre die notwendige Zeit für die Textanalyse in Vorbereitung der Modenschau geringer.

4.–7. Individuelle Schülerlösungen

Kopiervorlage 3.3 → Seite 16–17

1. Auf dem Bild sieht man eine lächelnde Frau, die zwei Masken in den Händen hält. Während die eine Maske fröhlich aussieht, schaut die andere traurig. Wenn die Person eine der Masken aufsetzt, erkennt man nicht mehr, ob sie selbst traurig oder glücklich ist, da ihr wahres Gesicht von einer Maske verdeckt werden würde.

2. Scipio zeigt seinem Vater nicht das Gesicht, welches er den Kindern der Bande zeigt. Während er bei der Bande sehr selbstbewusst als Anführer auftritt, ist er vor seinem Vater kleinlaut und unsicher. Somit wählt er wie die Frau auf dem Bild eine Maske aus, je nachdem wo er sich gerade befindet. Sein Vater kennt seine eigentlichen Sorgen und Wünsche gar nicht.

3. Scipio, der starke Anführer einer Kinderbande vs. Scipio, der kleinlaute Sohn eines berühmten Stadtmanns; weitere Lösung wäre z. B. Scipio, der Herr der Bande vs. Scipio, der Herr der Lüge

4.

Scipio, der „starke Anführer einer Kinderbande"	Scipio, „der kleinlaute Sohn"
- als Bandenchef ist er eitel, selbstbewusst und fast überheblich, hat herablassenden und herrischen Ton - geltungsbedürftiger Charakter, genießt die Bewunderung der Kinder - spöttisch, unehrlich Nach seinem Auffliegen: - zurückhaltend und verlegen, unsicher, wie er mit den anderen und seiner Lüge umgehen soll - peinlich berührt, trotzig	- vorsichtig und unsicher - unterwürfig und gehorsam gegenüber seinem Vater - schüchtern und ängstlich (traut sich nicht mal laut zu sagen, dass es seiner Katze sehr schlecht geht) - zurückhaltend und verlegen - sucht Anerkennung durch seine Familie

5. Das Zitat sagt, dass man unter einer Maske nicht erkennt, ob jemand weint oder fröhlich schaut. Deshalb kann man die wahren Gefühle von einer Person nicht sehen und die Mitmenschen können aus Unwissenheit nicht auf die echten Gefühle von jemanden reagieren, sondern immer nur auf den Ausdruck einer Maske. So ist es auch mit Scipio: Er ist nicht so stark und selbstbewusst wie er vor der Kinderbande immer tut, sondern verletzlich und enttäuscht von seinem Vater. Er sucht die Anerkennung bei seinen Freunden, die ihm in seiner Familie missgönnt bleibt. Aber seine Freunde können nicht sehen, wie er sich wirklich fühlt, weil er die Maske des „Bandenchefs" immer aufsetzt. Sonst würden sie ihn vielleicht auch besser verstehen.

Lösungen

Kopiervorlage 3.4 → Seite 18–19

1. Beispiele für aussagekräftige Zitate darüber, was die anderen Figuren von Scipios Lüge halten:
- „Wir kommen auch ohne dich klar." „Wir wollen nichts mehr mit dir zu tun haben." (Riccio, S. 207)
- „Du verlogener Bastard! Du hast uns wirklich fein an der Nase herumgeführt. Der Herr der Diebe. Für dich ist das hier vielleicht ein Abenteuerspiel, aber wir brauchen das Geld, klar?" (Mosca, S. 189)
- „Mit ‚wir' ist es vorbei, du verlogener Angeber. Du gehörst nicht zu uns, du hast nie zu uns gehört, auch wenn du so getan hast." (Mosca, S. 201)
- „Ja, geh zurück zu dem vornehmen Haus, in dem du lebst. (...) Die armen elternlosen Kinder haben keine Lust mehr, mit dir *Scipio, Herr der Diebe* zu spielen." (Riccio, S. 201)
- „Riccio und Mosca musterten ihn feindselig, aber Wespe starrte bedrückt die Tischplatte an und Bo schob seinen Kopf unter Prospers Arm, als wollte er sich verstecken." (S. 202)
- „Wenn du uns nicht belogen hättest, hätte er (Victor) nichts zu verraten gehabt." (Prosper, S. 175)
- „Ich wette, du hast noch nie in deinem Leben etwas gestohlen!" (Prosper, S. 175)
- „Der Herr der Diebe! Weggelaufen aus dem Waisenhaus. All sein geheimnisvolles Getue, sein <Ich komm-allein-zurecht>, sein <Ich-brauch-keine-Erwachsenen>-Gerede, alles Lüge! Nichts als Lüge. Mann, er hat wirklich seinen Spaß gehabt mit uns. He, ein bisschen Waisenkind spielen, das ist abenteuerlich. Und wie wir ihn angehimmelt haben." ... „Der Herr der Diebe – der Herr der Lügner ist er." (Prosper, S. 176–177)
- „Verschwinde!" (...) Wütend gab er Scipio einen Stoß vor die Brust. „Wir kommen auch ohne dich klar. Wir wollen nichts mehr mit dir zu tun haben. Wir hätten dich gar nicht erst wieder hier reinlassen sollen." (Riccio, S. 207)
- „Er hat Angst, dachte Prosper, als er Scipio nachsah, Angst nach Hause zu kommen. Er erinnerte sich an Scipios Vater, wie er oben an der Treppenbrüstung gestanden hatte. Und Scipio tat ihm leid." (S. 208)

2. Aus den Ergebnissen der ersten Aufgabe wird ersichtlich, dass vorwiegend Prosper und Mosca sich zu Scipios Handeln wörtlich äußern, während zu den Reaktionen von Wespe und Bo nur Hinweise gegeben werden. Aus diesem Grund sollten die Schüler gerade für diese beiden Figuren noch weitere Äußerungen formulieren.

Beispiele:
- „Aber wie konntest du das nur machen, Herr der Diebe, ich habe dich so bewundert." (Bo)
- „Mir erschien die Bewunderung für dich schon immer etwas zu viel, aber dass du uns so eiskalt anlügst, hätte ich nie geglaubt." (Wespe)
- „Ich fühle mich niedergeschlagen und traurig über deine Lüge. Ich weiß gerade gar nicht so recht, wie ich mit dir umgehen soll. Warum hast du das denn nur getan?" (Wespe)
- „Aber wir können doch jetzt nicht alle auf Scipio schimpfen, er hat uns doch trotzdem immer geholfen." (Bo)

Gemeinsam sollte die Kleingruppe überlegen, wie die Person, welche Scipio spielt, als Reaktion auf die vorgelesenen Zitate und Empfindungen mimisch und gestisch reagiert. In der gemeinsamen Auswertung im Anschluss könnte man erneut auf einzelne Textpassagen schauen, um Scipios Empfindungen nachzuvollziehen.

Hinweise des Textes für Scipios Empfindungen:
- „Scipio schien nicht zu wissen, wo er hingucken sollte. Unruhig fingerte er an seiner feinen seidenen Weste herum." (S. 174)
- „Guck mich nicht so an. Ich kann das alles erklären. Ich hätte es auch sowieso bald gesagt." (S. 174)
- „Scipio stand immer noch wie angewurzelt da." (S. 175)
- „Ich erkläre euch später alles." (S. 175)
- „Scipio antwortete nicht. Reglos stand er da und sah ihnen nach." (S. 190)
- „Ich habe das nur für euch getan! (...) Habt ihr schon vergessen, wie ihr euch durchgeschlagen habt, bevor ich mich um euch gekümmert habe?" (Scipio, S. 206)
- „Ich gehe nicht zurück" (...) Ich gehe nie, nie wieder nach Hause zurück. Das ist vorbei. Ich brauch sie nicht. Sie sind sowieso nie da. Und wenn, dann behandeln sie mich wie ein lästiges Haustier." (S. 202)
- „Aber ich – ich darf nicht bleiben, obwohl ich euch das Versteck hier gezeigt habe, obwohl ich euch versorgt habe, mit Geld und warmen Kleidern! Sogar die Matratzen habe ich herangeschafft, mit Moscas löchrigen Boot, beinahe abgesoffen bin ich dabei. Ich hab die Decken besorgt und die Heizöfen, als es hier kalt wurde. Meint ihr, es war leicht, meinen Eltern all diese Sachen zu stehlen?" (Scipio, S. 205)
- „Ihr kennt meinen Vater nicht!" (Scipio, S. 206)

3.–5. Individuelle Schülerlösungen

Kopiervorlage 3.5 → Seite 20–21

1.–6. Individuelle Schülerlösungen. Da sich die Kopiervorlage dem Ziel einer persönlichen Positionierung zum Handlungsgeschehen widmet, können keine eindeutigen Lösungen vorgegeben werden. Grundlegend sollte auf einen Bezug zum Werkinhalt geachtet werden, sodass die Interpretation im Anschluss explizit reflektiert werden kann.

Modul 4: Schauplätze und deren Funktionen erschließen

Intention	Das Modul verfolgt das Ziel, die Bedeutung der Schauplätze des Werkes zu erschließen und widmet sich insbesondere der Funktion des Sternenverstecks.
Zeitbedarf	2 Stunden
Material	KV 4.1 (obligatorisch)
Didaktische Hinweise	Vor Aufgabe 2 könnte ein kurzes Beispiel einer beliebigen Stadtführung vorgelesen werden. Aufgabe 6 wird als Hausaufgabe gegeben. Sollte das Verständnis des Tucholsky-Zitates schwerfallen, sind Hilfestellungen (z. B. durch einen Assoziationsstern zum Begriff „Freundschaft“) sinnvoll.
Sozialform	Einzelarbeit, (Partnerarbeit), Unterrichtsgespräch
Zielstellungen/ Kompetenzbeschreibungen KV 4.1	Die Schüler erwerben und verfügen über folgende Kompetenzen: Sie - analysieren einen Text hinsichtlich des äußeren Erscheinungsbildes sowie der Stimmung eines Handlungsortes (Stella). - wenden die Ergebnisse der Textanalyse zum Handlungsort durch eine imaginäre Führung durch den Handlungsort an. Sie üben das anschauliche Beschreiben eines Schauplatzes und erweitern ihre Perspektivübernahmefähigkeit als Stadtführer/in. - erkennen die Bedeutung eines weiteren Schauplatzes (Casa Spavento) für die Kinder als eine Art „Ersatz-Zuhause“. - vergleichen drei Handlungsorte in deren Bedeutung für die Romanfiguren. - setzen sich mit einem Zitat von Kurt Tucholsky auseinander. - stellen eine Verbindung des Zitatgehalts zum Inhalt des Romans her. - erweitern ihre Vorstellungskraft und künstlerische Ausdrucksfähigkeit.
Durchführung/ Unterrichtsschritte KV 4.1	1. Sie rekapitulieren die Inhalte des Kapitels „Das Sternenversteck“. 2. Sie halten Informationen zum äußeren Erscheinungsbild des Schauplatzes sowie zu der beschriebenen Stimmung und der Atmosphäre des Handlungsortes stichpunktartig fest. 3. Leistungsdifferenzierung: Einzelne Schüler notieren, welche Wertgegenstände die Kinder in dem Versteck besitzen. 4. Die Schüler verwenden die Ergebnisse der Textanalyse als Basis für eine fiktive Führung durch den Handlungsort. Sie versetzen sich in die Rolle eines Stadtführers/einer Stadtführerin und verdeutlichen das äußere Erscheinungsbild und die Atmosphäre des Schauplatzes. 5. Die Schüler präsentieren ihre Führung einzeln oder in Teams. Grundlegende Ergebnisse und offene Fragen besprechen sie im Klassenverband. 6. Die Schüler halten durch erneutes Lesen stichpunktartig die Bedeutung des Schauplatzes Casa Spavento als Handlungsort fest. 7. Sie vergleichen die Bedeutung der beiden Handlungsorte schriftlich und werten die Aufgabe mündlich aus. 8. Sie vergleichen die Bedeutung des elterlichen Wohnortes von Scipio. 9. Sie setzen sich mit einem Zitat von Kurt Tucholsky auseinander. 10. Sie erweitern ihren Blick auf zwei selbst gewählte weitere Handlungsorte des Romans und stellen diese in einer bildlichen Darstellung gegenüber.

Lösungen

Kopiervorlage 4 → Seiten 22–23

1. **Äußeres Erscheinungsbild:**
   - Schild von außen: „vietato l'ingresso" (Betreten verboten) (S. 24)
   - dunkler, muffig riechender Vorhang, Kinosaal noch nicht so alt, aber trotzdem in schlechten Zustand, ehemals hing Kristallleuchte von der Decke, jetzt verstaubte Kabel, Baulampen für Licht aufgestellt (S. 26)
   - von der Decke bröckelte an vielen Stellen der Putz, Sitzreihen wurden abgebaut, außer die vordersten drei Reihen; Mäuse haben in dem weichen roten Polster ihr Nest gebaut, sternenbestickter Vorhang (hinter ihm die Leinwand), Motten (dennoch alte Pracht erhalten), Goldgarn auf dem mattblauen Stoff glitzerte (S. 27)
   - im Eingangsraum steht eine große Truhe für Eis und Getränke von früher, genutzt als Vorratstruhe (S. 28)
   - Matratze von Wespe kaum zu sehen (wegen der vielen Bücher); Schlafplätze im hinteren Teil des Kinos, dicht beieinander, großer fensterloser Saal, Kinder beleuchten ihn oft mit Kerzen (S. 29)
   - Kerzen in leeren Flaschen und Aschenbechern zwischen den Matratzen (S. 30)

   Stimmung:
   - Gefühl der Wärme durch die Kerzen
   - Geborgenheit durch das dichte Aneinanderliegen
   - magischer Charakter des Verstecks durch den glitzernden Sternenvorhang
   - trotz Gemeinschaft besitzt jeder seine kleine Privatsphäre, z. B. durch die Wertgegenstände
   - Gefühl der Angst durch Dunkelheit und Verlassenheit
   - Verspieltheit und Ausgelassenheit durch fröhliches Miteinander der Kinder
   - Wertgegenstände: Wespes Bücher; Moscas Angelruten und Werkzeugkisten, Glücksbringer (altes kupfernes Seepferd) und altes Radio; Riccios Comichefte und viele Stofftiere; Bos Plastikfächersammlung

   Fazit: Trotz des äußerlich heruntergekommenen Erscheinungsbildes fühlen sich die Kinder wohl und erleben ein Gefühl von Zuhause und Familie. Das nach außen alte und heruntergekommene Versteck bietet den Jugendlichen ein Gefühl von Geborgenheit. Schon die Bezeichnung „Sternenversteck" trägt eine zauberhafte Komponente mit sich. Diese zeigt sich auch in der Raumgestaltung. Das Versteck bietet zugleich Unterschlupf und Rückzugsraum in der pulsierenden Stadt Venedig. Die Existenz des Verstecks ist nur den eingeweihten Figuren bekannt und ermöglicht somit zugleich ein Gefühl der Zusammengehörigkeit.

2. Individuelle Schülerlösungen

3. Die Bedeutung der Casa Spavento sowie Dinge, die die Kinder dort besonders genießen können:
   - Idas Haus von außen ockerfarben, aber auch alt aussehend (S. 153)
   - dampfende Schüsseln voll mit Nudeln, zehn Teller werden auf dem Esszimmertisch verteilt (S. 348)
   - es gibt Decken und Kissen, es existieren richtige Betten, an den Wänden hängt alles aus dem alten Kino, was sich noch retten ließ (S. 357)
   - die Kinder laufen barfuß, es gibt Bos Lieblingsnudeln, es existieren viele Bücher, sogar Bos Katzen gefällt es bei Ida, weil sie Lucias Hunde ärgern können, Wespe sagt: „Ich würde auch gern hierbleiben. (…) Es ist besser als alles, was ich mir vorgestellt habe." (S. 358)

4. Auch die Casa Spavento stellt für die Kinderbande einen Ort des Wohlfühlens und der Geborgenheit dar, ähnlich wie das Sternenversteck. Es wird ihnen bei Ida ermöglicht, wieder Kind zu sein und sie erleben ein Gefühl der warmherzigen Gemeinschaft.

5. Im Gegensatz zu dem Sternenversteck und der Casa Spavento herrscht in Scipios Zuhause Kälte und Verlassenheit. Scipio fühlt sich nicht wohl wie die Kinder es bei Ida können, sondern schreckt vor seinem Vater zurück und zieht sich folglich in sich selbst zurück. Er bezeichnet es auch nicht als „Zuhause", da der Ort nicht die emotionale Qualität eines elterlichen Zuhauses erfüllt. Da die Mutter viel unterwegs ist, erfüllt sie keine klassische Mutterrolle. Auch diese fehlt in dem elterlichen Wohnhaus, um den Ort als einen Schauplatz des Geborgenseins zu betiteln.

6. Das Zitat „Freundschaft ist wie Heimat!" trifft den Kern des Werkes. Zwar befinden sich die Kinder jeweils nicht in ihrer ursprünglichen Heimat, doch trotzdem fühlen sich die Heranwachsenden innerhalb ihrer Gruppe aus Gleichgesinnten und später Ida und Victor so geborgen, dass sich ein Gefühl des ‚Zuhauseseins' einstellen kann. Heimat wird hier eher als emotionaler Zustand verstanden, welcher durch die innige Freundschaft der Kinder untereinander initiiert wird. Heimat ist somit eher, wo das Herz der Kinder ist.

7. z. B. das Waisenhaus; die Stadt Venedig, stellvertretend durch den Markusplatz; die Isola Segreta; der Laden von Barbarossa; die Kirche mit dem Beichtstuhl.

Modul 5: Besuch auf der Isola Segreta

Intention	Das Modul setzt sich mit der übergreifenden Thematik des Erwachsen- und Kind seins auseinander und fördert das Textverständnis. Hierfür wird das Vorwort analysiert, bevor es zu einer Beschäftigung mit dem Karussell der Barmherzigen Schwestern kommt. Weiterhin wird ein unmittelbarer Lebensweltbezug hergestellt.
Zeitbedarf	1 Stunde (KV 5.1), 2 Stunden (KV 5.2)
Material	KV 5.1 (fakultativ), KV 5.2 (obligatorisch)
Didaktische Hinweise	KV 5.1: Die Möglichkeiten des bewussten Stimmeinsatzes werden besprochen und geübt. Nach Aufgabe 8 positionieren sich die Schüler im Unterrichtsgespräch zur Intention des Vorwortes. Das Lied für Aufgabe 7 finden Sie im Internet. KV 5.2: Die spezifische Sprache in Kurznachrichten wird reflektiert. Vor dem Verfassen des Leserbriefes (Aufgabe 4) wird ein Schreibplan angefertigt, sodass eine Gliederung für den eigenen Text vorliegt. Aufgabe 5 kann methodisch abgewandelt werden: Textlupe oder Schreibkonferenz als Feedbackinstrument.
Sozialform	Einzelarbeit, Partnerarbeit, Unterrichtsgespräch
Zielstellungen/ Kompetenzbeschreibungen KV 5.1	Die Schüler erwerben und verfügen über folgende Kompetenzen: Sie - setzen sich mit dem übergreifenden Thema des Werkes auseinander und erweitern ihr Textverständnis. - fördern ihre Lesekompetenz und erweitern ihre Sprachkompetenz. - fördern ihre Feedbackfähigkeit und das bewusste Zuhören. - reflektieren über die Möglichkeit, durch Vorlesen eine Botschaft zu vermitteln. - vergleichen das Leben von Kindern mit dem von Erwachsenen. - stellen eine Verbindung zwischen einem Lied und dem Vorwort des Romans her.
Durchführung/ Unterrichtsschritte KV 5.1	1. Die Schüler lesen das Vorwort und fassen es in einem Satz zusammen. 2. Sie beantworten die in dem Vorwort enthaltene Frage und treten in Dialog mit dem Text. 3. Sie bereiten sich auf sinnbetontes Vorlesen des Vorwortes vor. 4. Je zwei Schüler stellen ihre Ideen vor und üben das Vorlesen. Im Anschluss geben sie sich gegenseitig Tipps, was noch verbessert werden könnte. 5. Die Schüler stellen ihre Fassungen vor und erhalten ein Feedback. 6. Sie gehen mündlich der Frage nach, inwiefern die verschiedenen Arten des Vorlesens bereits eine Botschaft vermitteln. 7. Sie stellen typische Verhaltensweisen von Erwachsenen und Kindern gegenüber. 8. Sie hören das Lied „Erwachsen sein" von Bushido und Sido feat. Peter Maffay. 9. Sie vergleichen die Aspekte des Liedes und stellen eine Verbindung zum Vorwort her.
Zielstellungen/ Kompetenzbeschreibungen KV 5.2	Die Schüler erwerben und verfügen über folgende Kompetenzen: Sie - fördern ihre Textanalysekompetenz. - fördern ihre Fähigkeit zur Perspektivübernahme. - erweitern ihr Textverständnis und ihre Sprachkompetenz. - trainieren das Verfassen von Briefen. - fördern ihre Kreativität, Sprachkompetenz und Vorstellungsbildung. - entwickeln Kenntnisse zur Textsorte des Leserbriefes und wenden diese an. - erweitern ihre Fähigkeit, Texte zu bewerten und diese zu überarbeiten.
Durchführung/ Unterrichtsschritte KV 5.2	1. Die Schüler notieren stichpunktartig die Gedanken der einzelnen Figuren zu der Karussellfahrt. 2. Sie versetzen sich in die Figuren und verfassen aus deren Sicht eine kurze Messenger-Nachricht. 3. Sie positionieren sich zu den verschiedenen Sichtweisen der Figuren mit einem Brief. 4. Sie verfassen einen Leserbrief in Einzelarbeit und fertigen vorher einen Schreibplan an. 5. Je zwei Schüler tauschen ihre Leserbriefe aus und geben ein Feedback. 6. Sie überarbeiten die Leserbriefe und stellen sie im Plenum vor. 7. Die Schüler sprechen über ihre Meinung zu der tatsächlichen Erfindung einer magischen Maschine.

Lösungen

Kopiervorlage 5.1 → Seite 24–25

1.–5. Individuelle Schülerlösungen
Die Zusammenfassung bei Aufgabe 1 sollte folgende Aspekte beinhalten: Erwachsene vergessen häufig, wie es sich anfühlte, als sie noch Kinder waren und doch wünschen sie es sich manchmal, aus ihrem erwachsenen Leben zurück in die Kindheit fliehen zu können. Andererseits träumen viele Kinder davon, endlich erwachsen zu sein, um sich vielleicht auch so verhalten zu können oder alles tun zu dürfen, worauf Sie Lust haben.

6. Auch diese Aufgabe hängt von den individuellen Ansichten der Schüler ab. Folglich sollen nur beispielhafte Aspekte genannt werden.

Typisch Kind
- sind oft abhängig von Eltern (z. B. in ihren Entscheidungen) und leben bei ihnen
- treffen aufgrund geringerer Lebenserfahrung mitunter auch falsche Entscheidungen
- haben mehr Freizeit, sorgenloseres Leben, viel Zeit zum Spielen und Lachen und auch weniger Verantwortung
- finanziell abhängig von Eltern
- Fortbewegung abhängig von Eltern (keine Möglichkeit z. B. selbst Auto zu fahren)
- Schulpflicht
- einige Verbote und Vorschriften (z. B. Film erst ab 18)

Typisch erwachsen
- treffen selbstständig Entscheidungen, können sich meistens gegenüber Kindern durchsetzen (behaupten oft, Recht zu haben)
- haben weniger Freizeit, mehr Pflichten (Job) und müssen die Finanzen planen
- Verantwortung (z. B. für Kinder, im Job …)
- Fortbewegung selbstständig (z. B. durch Führerscheinbesitz)
- eigener Haushalt
- mehr Freiheiten (z. B. in der eigenständigen Zeitplanung)
- mitunter ernster als Kinder, vergessen die Leichtigkeit im Alltag
- gesellschaftliche Normen als Leitlinien
- Vorbildfunktion für Kinder

7. Rechts ist der Liedtext abgedruckt, sodass zentrale Aussagen ggf. auch nachgelesen werden können. Die in dem Lied vorkommenden typischen Erwachsenen-Aspekte sind grau unterlegt. Die akustische Version des Liedes findet sich auf allen gängigen Videoplattformen.

8. Es ist zu erwarten, dass einige Schüler in der Tabelle aus Aufgabe 6 ähnliche Aspekte notiert haben, wie in dem Lied zu hören sind.

Erwachsen sein
[Strophe I – Bushido:]
Dieser Weg hier war nicht immer eben und schön
Doch die Probleme vergehen
Man hatte Höhen und Tiefen und oft ging es bergab
Denn nicht immer wenn man fällt, war's die Schwerkraft
Du wirst reifer und älter
Und du begreifst, du stellst einen Teil dieser Welt da
Plötzlich verlangen sie von dir, dass du dies oder das tust
Adieu altes Leben, mach's gut
Jeder Schritt ist ein Schachzug ab jetzt
Sie erwarten, dass du dich der Angst widersetzt
Du wirst krank durch den Stress
Und die Haare werden grau – Ich hör' mein Herz sagen, es ist aus
Doch ich werde es nicht zulassen
Ja, denn tief in mir drin, blieb ich ein Kind
Und ich hofft', sie hält für immer an
Meine Zeit hier im Nimmerland

[Refrain – Rolf Zuckowski:]
Ich wollte nie erwachsen sein
Hab' immer mich zur Wehr gesetzt
Von außen wurd' ich hart wie Stein
Und doch hat man mich oft verletzt
Irgendwo tief in mir
Bin ich ein Kind geblieben
Erst dann, wenn ich's nicht mehr spüren kann
Weiß ich, es ist für mich zu spät, zu spät, zu spät

[Strophe II – Sido:]
Yeah, ich weiß es noch wie gestern
Als mich alle unterschätzt haben
Ich fing mit Rap an, jetzt bin ich plötzlich auch Geschäftsmann
Und wie alle hier entsetzt warn'
Weil ich und meine Jungs das ganze Land in Brand gesetzt haben
Die Alten sagten, das sei Blödelei
Egal, wir hatten einfach nur ne schöne Zeit
Wir warn' die Größten und Schönsten in unsrem Königreich
Ich bin erwachsen, jetzt dürft ihr mir nicht mehr böse sein
Ich hatte so oft die Schnauze voll, doch ich bereue nichts
Obwohl ich damals manches anders wollte, als es heut' ist
Damals wollt' ich drauf gehen, raus gehen und mich rumtreiben
Heute will ich mit Frauchen in 'nem Haus leben und gesund bleiben
So spielt das Leben, niemand der den Sinn kapiert
Also lass den ganzen Ärger einfach hinter dir
Und ich mach weiter nur das, was mich interessiert
Doch ich bewahr' immer ein kleines Stückchen Kind in mir

Aus: Erwachsen sein
T: Rolf Zuckowski, SpezialT: Bushido, Sido Gold

Kopiervorlage 5.2 → Seite 26–27

1. **Prosper:**
   - als er seine Kinderhände mustert, denkt er an den herablassenden Blick des Portiers und an seinen Onkel und wünschte sich auch für einen Moment, erwachsen zu sein; möchte stark sein
   - er tritt auf das Karussell zu, kann aber nicht aufsteigen
   - aus Verantwortung für Bo und aus dem Wunsch heraus, weiter Kind zu sein sowie etwas Angst weicht er vor einer Karussellfahrt zurück

   Conte:
   - hat sich zurückgeholt, was man ihm gestohlen hat, die „ganzen Jahre"– will Kindheit zurückgewinnen und sozusagen nachholen; durfte in seiner Kindheit kaum spielen, sondern hat harte Arbeit verrichtet, z. B. den Mist der Tauben von den Stangen kratzen, Unkraut rupfen, Fußböden scheuern usw.
   - hegt schon lange den Traum, das Karussell wieder funktionstüchtig werden zu lassen

   Scipio:
   - seine Eltern behandeln ihn wie ein dummes Kleinkind, will sich selbst die Sachen heraussuchen und endlich nicht mehr bevormundet werden; will nicht mehr herumgeschubst und ausgelacht werden
   - er sieht im Kind sein nur Nachteile, will mehr Macht und Eigenverantwortung
   - will größer sein als sein Vater

   Barbarossa:
   - will eine Probefahrt machen, zeigt sich neugierig und eine kleine Verjüngung um ein paar Jahre könne nicht schaden, wirkt nicht überzeugt von der magischen Kraft des Karussells

2.–5. Individuelle Schülerlösungen

Modul 6: „Theater für die Ohren" – Medienprojekt

Intention	Die Schüler werden befähigt, einen eigenständig produzierten Hörspielausschnitt anzufertigen. Sie erweitern so ihre Medienkompetenz sowie ihr Textverständnis.
Zeitbedarf	5–7 Stunden (KV 6.1 und KV 6.2)
Material	KV 6.1 (fakultativ), KV 6.2 (fakultativ)
Didaktische Hinweise	KV 6.1.: Ergänzung zur Annäherung an das Medium Hörspiel mit dem Beitrag von Kari Ehrhardt: www.audiyou.de/beitrag/how-to-do-hoerspiel-55.html. Die Gruppengröße für die Hörspielproduktion sollte 3–4 Personen nicht überschreiten. Alle Gruppenmitglieder müssen um ein Mikrofon stehen und später ggf. an einem Computerarbeitsplatz gemeinsam arbeiten. Lohnenswerte Seiten für die Recherche von lizenzfreien Geräuschen zur Hörspielproduktion im Schulkontext: www.audiyou.de, www.salamisound.de KV 6.2.: Für die Produktion benötigen die Gruppen ein Aufnahmegerät, ein Handy oder Tablet, ggf. muss das Computerkabinett der Schule für die Postproduktion reserviert werden. Als Schnittprogramm eignet sich „audacity". Für die Präsentation der Hörspielprodukte wird ein Lautsprecher benötigt.
Sozialform	Einzelarbeit, Gruppenarbeit
Zielstellungen/ Kompetenzbeschreibungen KV 6.1	Die Schüler erwerben und verfügen über folgende Kompetenzen: Sie – werden für das Medium Hörspiel sensibilisiert. – erwerben Kenntnisse über die akustischen Elemente eines Hörspiels. – reflektieren in Kleingruppen, welches Kapitel für eine Hörspielproduktion geeignet wäre. – lernen die Schritte einer Hörspielproduktion am Beispiel kennen. – bereiten ein Hörspielskript vor. – erweitern ihre Fähigkeit des gestaltenden Vorlesens. – formulieren selbstständig Sprechanweisungen und wenden diese an. – planen Geräusche für eine Hörspielszene und deren technische Umsetzung. – erwerben Kenntnisse zu einer lizenzfreien Geräusche-Recherche im Internet. – fördern ihre Medienkompetenz sowie ihre Textverstehenskompetenz.

Durchführung/ Unterrichts-schritte KV 6.1	1. Die Schüler schreiben auf, was unter einem Hörspiel zu verstehen ist, und nennen ein Beispiel. 2. Fakultativer Schritt: Sie hören den Hörspielbeitrag von Kari Ehrhardt. 3. Die Schüler halten fest, welche akustischen Elemente in einem Hörspiel vorkommen können. 4. Sie bilden Gruppen für die Produktion der Hörspielszene und überlegen, welches Kapitel aus dem Roman sich für eine Hörspielproduktion eignet. Sie fertigen eine Kopie des gewählten Kapitels an. 5. Jede Gruppe kürzt das gewählte Kapitel (sofern es länger als fünf Seiten ist) so, dass der Sinnzusammenhang nicht verloren geht. 6. Die Schüler legen die Sprecherrollen fest und markieren ihre Rollen auf der Kopie farbig. 7. Zur Vorbereitung auf die Aufnahme absolvieren die Schüler Sprechübungen. 8. Die Schüler notieren fünf Sprechanweisungen für die eigenen Textpassagen. 9. Die Gruppenmitglieder stellen ihre Sprechanweisungen vor und geben sich Verbesserungsvorschläge. 10. Die Schüler ergänzen Geräusche für den eigenen Hörspielausschnitt.
Zielstellungen/ Kompetenz-beschreibungen KV 6.2	Die Schüler erwerben und verfügen über folgende Kompetenzen: Sie - erwerben Kenntnisse für die eigenständige Produktion einer Hörspielaufnahme. - erlangen Kenntnisse über den Schnitt einer Hörspielszene und wenden diese an. - werden mit einem Schnittprogramm vertraut und kennen die Phasen des Grobschnitts und Feinschnitts. - nehmen Geräusche auf und fügen diese in eine Hörspielszene ein. - setzen sich mit urheberrechtsfreier Musik auseinander und fügen diese ihren Medienprodukten hinzu. - erweitern ihre Feedbackfähigkeit.
Durchführung/ Unterrichts-schritte KV 6.2	1. Die Gruppen folgen den einzelnen Anweisungen der Leitfäden. 2. Die Schüler reflektieren im Anschluss an die Medienproduktion über den eigenen Erkenntnis- und Erfahrungszuwachs und äußern sich dazu schriftlich. 3. Sie tauschen im Plenum ihre Erfahrungen aus. 4. Sie hören sich alle Hörspielszenen an und geben ein Feedback.

Lösungen

Kopiervorlage 6.1 → Seite 28–29

1. Das Hörspiel gilt als eine akustische Kunstform, welche auch als Funkspiel bezeichnet wird. Der in dem Wort vorkommende Begriff „Spiel" verdeutlicht, dass es sich um ein literarisches (theatralisches) Genre handelt. Dabei interagieren verschiedene Figuren (Sprecherrollen) miteinander und inszenieren ein Theaterstück für die Ohren. Die Zuhörenden werden allein über das akustisch Wahrgenommene durch eine Handlung geführt. Hierfür werden u. a. Geräusche verwendet, um Szenen authentisch wirken zu lassen. Dies stellt einen Unterschied zu einem Hörbuch dar. In diesem werden für gewöhnlich keine Musik und Geräusche eingesetzt, womit ein Hörbuch eher einer Lesung gleicht. Hörspiele wurden ursprünglich für das Radio entwickelt, sind jedoch inzwischen vom Radio emanzipiert und ein beliebtes Medium für Kinder- und Jugendliche.

Beispiele für häufig konsumierte Hörspiele unter Kindern und Jugendlichen: TKKG, Die drei???, Tintenherz, Harry Potter.

2. Elemente eines Hörspiels sind u. a.:
- Geräusche
- Musik
- Sprecherstimmen

3.–7. Individuelle Schülerlösungen

8. Je nachdem, welches Wort betont wird, ändert sich die Gesamtaussage des Satzes. Dies sei kurz beispielhaft verdeutlicht (das jeweils betonte Wort ist kursiv gedruckt):
- „*Ich* glaube nicht, dass sie mein Geld gestohlen hat."
  ⟶ Die sprechende Person ist nicht der Auffassung, dass eine andere Person das Geld gestohlen hat.
- „Ich *glaube* nicht, dass sie mein Geld gestohlen hat."
  ⟶ Könnte bedeuten: Die sprechende Person *glaubt* nicht nur, dass eine Person das Geld gestohlen hat, sondern *weiß* es sogar oder es ist jedoch faktisch möglich (auch wenn sie es nicht glaubt).
- „Ich glaube nicht, dass sie *mein* Geld gestohlen hat."
  ⟶ Die sprechende Person geht nicht davon aus, dass eine andere Person ihr Geld gestohlen hat, aber womöglich das Geld einer *anderen* (fremden) Person.

9. Individuelle Schülerlösungen

10. Stimmliche Möglichkeiten der Gefühlsdarstellung:
- Pausensetzung
- Betonungsverschiebungen
- Veränderung der Lautstärke, der Sprechtonhöhe, der Artikulation, des Sprechtempos

11.–13. Individuelle Schülerlösungen

Kopiervorlage 6.2 → Seite 30–31

1.–4. Individuelle Schülerlösungen

Modul 7: „Herr der Diebe“ auf der Kinoleinwand

Intention	Das Modul dient dazu, den Film „Herr der Diebe“ unter filmanalytischen und inhaltlichen Gesichtspunkten zu beurteilen.
Zeitbedarf	2 Stunden (KV 7.1), 2 Stunden (KV 7.2), 1 Stunde (KV 7.3)
Material	KV 7.1 (fakultativ), KV 7.2 (obligatorisch), KV 7.3 (fakultativ)
Didaktische Hinweise	KV 7.1: Als Differenzierungsmöglichkeit können einzelne Schüler auch ein neues Filmplakat herstellen. Sollten die Schüler kaum Funktionen eines Trailers nennen können, bietet es sich an, einige Beispieltrailer von anderen Filmen anzuschauen. Wenn einzelne Schüler bereits Erfahrungen im Filmdreh haben, können sie ihre entworfenen Trailer-Ideen auch praktisch umsetzen und einen kurzen Film als Zusatzaufgabe produzieren. KV 7.2: Die letzte Aufgabe kann als Hausaufgabe erteilt werden.
Sozialform	Einzelarbeit, Partnerarbeit, Gruppenarbeit, Unterrichtsgespräch
Zielstellungen/ Kompetenzbeschreibungen KV 7.1	Die Schüler erwerben und verfügen über folgende Kompetenzen: Sie - untersuchen das Filmplakat. - lernen die Funktionen eines Trailers kennen und untersuchen diese am Beispiel. - entwickeln ein eigenes Trailer-Konzept für den Film „Herr der Diebe“. - beurteilen den Originaltrailer des Films anhand vorgegebener Aspekte. - artikulieren ihre Erwartungen an die filmische Umsetzung des Romans.
Durchführung/ Unterrichtsschritte KV 7.1	1. Die Schüler beschreiben das Filmplakat schriftlich in Einzelarbeit. 2. Sie notieren fünf Adjektive, welche die Wirkung des Plakates beschreiben. 3. Sie diskutieren mit dem Partner über das Filmplakat und formulieren Verbesserungsvorschläge. 4. Sie nennen Funktionen eines Filmtrailers. 5. Sie überlegen mit dem Partner, welche Inhalte aus dem Roman für den Trailer einer filmischen Umsetzung geeignet sind, und begründen ihre Meinung. 6. Sie erstellen in Teams eine eigene Trailer-Konzeption, stellen ihre Trailer-Idee im Klassenverband vor und besprechen Gemeinsamkeiten und Unterschiede im Unterrichtsgespräch. 7. Die Schüler sehen den Originaltrailer und vergleichen ihn mit den eigenen Ideen. 8. Sie halten ihre Erwartungen an den Film fest.
Zielstellungen/ Kompetenzbeschreibungen KV 7.2	Die Schüler erwerben und verfügen über folgende Kompetenzen: Sie - lernen induktiv verschiedene Kameraperspektiven kennen, wenden diese neuen Fachtermini an und reflektieren ihre Wirkung. - äußern Vermutungen zum Inhalt der Filmbilder (Figuren, Handlungsverlauf). - recherchieren eigenständig einen filmsprachlichen Fachterminus und wenden diesen an.
Durchführung/ Unterrichtsschritte KV 7.2	1. Die Schüler beschreiben die Screenshots schriftlich in Einzelarbeit. 2. Sie lesen den Info-Kasten und wenden dieses Wissen an. 3. Sie stellen Vermutungen über die dargestellten Figuren und den Zeitpunkt im Handlungsverlauf an. 4. Sie lernen einen weiteren Fachbegriff kennen (Einstellungsgröße) und wenden diesen an.
Zielstellungen/ Kompetenzbeschreibungen KV 7.3	Die Schüler/innen erwerben und verfügen über folgende Kompetenzen. Sie - setzen eine Szene aus dem Film szenisch um und zeichnen dazu Skizzen. - recherchieren den Begriff „Filmische Adaption“. - grenzen den Begriff „Filmische Adaption“ gegenüber der „Literaturverfilmung“ ab.
Durchführung/ Unterrichtsschritte KV 7.3	1. Die Schüler wählen eine Szene aus und gestalten für ihre Umsetzung Skizzen. 2. Sie recherchieren einen Fachbegriff. 3. Sie äußern schriftlich eine Vermutung, warum Fachleute eher von „Adaption“ statt von „Literaturverfilmung“ sprechen.

Lösungen

Kopiervorlage 7.1 → Seite 32–33

1. Auf dem Filmplakat sieht man im Vordergrund eine männliche Person mit einem dunkeln Mantel und einem gestreiften Kleidungsstück darunter. Sie trägt eine schwarze Maske, die einem Vogelschnabel gleicht und hat mittellanges braunes Haar. Die Person schaut leicht grinsend direkt in die Kamera. Hinter ihr auf der linken Seite stehen weitere Personen: Gut erkennbar sind zwei Jungen, ein kleiner blondhaariger und ein größerer braunhaariger. Beide schauen eher ernst und erwartungsvoll. Vor ihnen sind drei weitere Personen klein abgebildet, zwei Jungen und ein Mädchen. Alle drei halten Taschenlampen und strahlen mit diesen auf die Titelschrift des Plakates „Herr der Diebe". Auf der linken Seite der Person mit der Maske sieht man einen Kanal zwischen zwei Häuserfronten. In diesem sind Motorboote zu erkennen. Der Himmel ist orange-rot erleuchtet.

2.–3. Individuelle Schülerlösungen

4. Trailer-Funktionen: Interesse wecken (Werbung), die Handlung andeuten, ohne zu viel Inhalt zu verraten (Szenenquerschnitt), evtl. das Genre ersichtlich machen, evtl. berühmte Schauspielerbesetzungen des Films zeigen.

5.–9. Individuelle Schülerlösungen

Kopiervorlage 7.2 → Seite 34–36

1. Bild 1:
- dunkelhaariger Mann mittleren Alters versucht einen unechten Bart zum Halten zu bringen; trägt einen dunklen Mantel und schaut leicht verlegen oder beobachtend direkt in die Kamera
- man sieht die Figur etwa ab der Hüfte
- Farbgebung realistisch, Tageszeit
- im Hintergrund ein Gebäude mit verzierten Toren, vor der Person vermutlich eine Telefonzelle
- Position: die Kamera steht direkt mittig vor dem Mann, scheinbar auf Augenhöhe gefilmt

Bild 2:
- jugendliche Person mit langen dunklen Haaren und Mantel hält beide Arme hoch und blickt gespannt geradeaus, dargestellt ab Hüfte; hinter der Person ist eine Art Holzfigur (ggf. Drache) zu sehen; offensichtlich nächtliche Zeit, die Figur ist hell beleuchtet
- Position: die Kamera blickt von unten hoch zu dem Jungen

Bild 3:
- drei Personen vor einer Villa, inmitten eines wild bewachsenen Gartens
- alle schauen zu einem Teil des Karussells, dort befindet sich ein Löwenkopf
- Position: sieht von oben auf die Figuren herab; sie sind von Kopf bis Fuß zu sehen (z.T. leicht verdeckt durch ein Gebüsch); Farbgebung eher dunkel, aber das Karussell scheint beleuchtet

2. Bild 1: Normalsicht; Bild 2: Froschperspektive; Bild 3: Aufsicht
Die jeweiligen Wirkungen sind subjektiv z. B.: Bild 1: alltägliche Wirkung, als sei eine zweite erwachsene Person dabei, die auf die Szene blickt; Bild 2: Person wirkt mächtig, imposant und dominant; Bild 3: „überblickende" Wirkung; als würde man alles mit Abstand betrachten

3.–5. Individuelle Schülerlösungen

6. Der Begriff „Einstellungsgröße" bezeichnet das Größenverhältnis eines abgebildeten Objekts oder einer Person zu der Bildfläche. Umgangssprachlich beschreibt sie also, wie groß oder klein etwas dargestellt ist (bzw. wie nah oder fern man etwas sieht). Man unterscheidet zwischen den folgenden klassischen Einstellungsgrößen:

a) Panorama (auch: Supertotale, umgangssprachlich ganz weite Einstellung): Zeigt Landschaften, in welchen Menschen kaum wahrnehmbar sind. Dient oft der Orientierung und Stimmungserzeugung.
b) Totale: Vermittelt eine Übersicht über den Drehort. Menschen sind meist Teil des Raumes. Führt häufig in Szenen ein.
c) Halbtotale: Zeigt das vorgestellte Objekt meist von Kopf bis Fuß, sodass die Körperhaltung deutlich erkennbar ist.
d) Halbnah: Personen sind von der Hüfte bis zum Kopf zu sehen. Mimik und Gestik rücken in den Vordergrund. Eine Weiterentwicklung ist die amerikanische Einstellung, in welcher die Menschen von Knie bis Kopf gezeigt werden.
e) Nah: Die Person steht im Mittelpunkt und wird von Schulter bis Kopf gezeigt. Häufig in Dialogszenen verwendet, um die Mimik zentral werden zu lassen.
f) Groß: Man sieht nur den Kopf der dargestellten Person. Die Kamera dringt damit in die Intimsphäre der Schauspieler vor, jede Mimikveränderung ist ersichtlich.
g) Detail: Fokussiert einen bedeutungstragenden Ausschnitt des Ganzen, zum Beispiel das Auge eines Gesichts.

In der einfachsten Version gelten die Totale, Halbnah, Nahe, Große und Detailaufnahme als die klassischen fünf Einstellungsgrößen.

7. Bild 1, 2 sind in der halbnahen Einstellungsgröße aufgenommen; Bild 3 entspricht der halbtotalen Einstellung.

Kopiervorlage 7.3 → Seite 37

1. Individuelle Schülerlösungen

2. Bei einer filmischen Adaption wird meist ein Film auf der Grundlage eines anderen Mediums erzeugt. Oft ist es ein Buch. Damit versucht man gerade bei erfolgreichen Werken, an den Erfolg anzuknüpfen. Bei einer filmischen Adaption kann man z. B. mit Kameraperspektiven oder der Vertonung Möglichkeiten umsetzen, die eine weiterführende Interpretation des Stoffes erlauben. Zudem ist es möglich, bestimmte Problematiken, wie Handlungsstränge oder Dialoge, zu verkürzen oder Verschiebungen der Erzählperspektive vorzunehmen. Somit kann der Film bei einer filmischen Adaption auch von der Vorlage des Werkes abweichen.

3. Die filmische Adaption erlaubt eine Interpretation des literarischen Werkes sowohl mit Parallelen als auch Unterschieden zwischen Buchvorlage und Film. Somit hat der Regisseur bei einer filmischen Adaption auch die Möglichkeit einer eigenen Sichtweise auf die Umsetzung der Inhalte im Film. Eine reine Literaturverfilmung würde sich eher sklavisch an den Text halten.

Modul 8: Rezeption und Wirkung

Intention	In diesem Modul steht die Rezeption und Wirkung des Werkes im Zentrum. Die Schüler untersuchen als Experten den Film genauer und Verfassen eine Filmkritik.
Zeitbedarf	4 Stunden (KV 8.1 inklusive Filmrezeption im Klassenverband), 2 Stunden (KV 8.2)
Material	KV 8.1 (obligatorisch), KV 8.2 (fakultativ)
Didaktische Hinweise	KV 8.1.: Es werden Lautsprecher/Beamer für die Filmvorführung benötigt. Es wäre günstig, wenn die Expertengruppen etwa gleich stark sind. Alternativ kann auch eine gelenkte Einteilung erfolgen. KV 8.2: Es bietet sich an, die Filmkritiken einzusammeln und ggf. zu bewerten.
Sozialform	Einzelarbeit, Partnerarbeit, Gruppenarbeit, Unterrichtsgespräch
Zielstellungen/ Kompetenzbeschreibungen KV 8.1	Die Schüler erwerben und verfügen über folgende Kompetenzen: Sie – analysieren Szenen des Films „Herr der Diebe“ aspektorientiert. – reflektieren die Wirkung ihrer Filmanalyseergebnisse. – beurteilen den Gesamteindruck des Films nach der Rezeption. – erweitern ihre Präsentationskompetenz und Teamfähigkeit.
Durchführung/ Unterrichtsschritte KV 8.1	1. Die Schüler sehen den Film unter einem Beobachtungsschwerpunkt und notieren sich Stichpunkte. 2. Sie halten ihren subjektiven Gesamteindruck fest und besprechen ihre Meinungen. 3. Die Experten halten ihre Filmanalyseergebnisse auf Plakaten fest und überlegen sich Fragen an die Klasse. 4. Alle Gruppen präsentieren ihre Ergebnisse, während die übrigen Schüler die Ergebnisse der anderen notieren (oder es werden Handouts angefertigt).
Zielstellungen/ Kompetenzbeschreibungen KV 8.2	Die Schüler erwerben und verfügen über folgende Kompetenzen: Sie – erlangen Kenntnisse über die Textsorte einer Filmkritik. – verfassen eine Filmkritik zum Film „Herr der Diebe“ und erweitern ihre Sprachkompetenz sowie Urteilsfähigkeit. – wenden die verschiedenen Phasen einer Textproduktion an. – fördern ihre Feedbackfähigkeit.
Durchführung/ Unterrichtsschritte KV 8.2	1. Die Schüler lesen einen kurzen Info-Text und exzerpieren die wesentlichen Inhalte. 2. Sie fertigen ein Cluster an. 3. Sie fertigen einen Schreibplan an und finden eine ansprechende Überschrift. 4. Sie formulieren ein Filmurteil (mit Formulierungshilfen). 5. Sie stellen in Teams ihre Schreibpläne vor und geben sich Verbesserungstipps. 6. Sie verfassen eine Filmkritik. 7. Sie tauschen in Teams ihre produzierten Texte aus und geben sich Feedback für die Überarbeitung. 8. Sie überarbeiten den eigenen Text.

Lösungen

Kopiervorlage 8.1 → Seite 38–39

1.–5. Individuelle Schülerlösungen

Kopiervorlage 8.2 → Seite 40–41

1.–9. Individuelle Schülerlösungen

Klassenarbeitsvorschläge

Klassenarbeit 1 → Seite 42–43

1. Auf dem Bild sieht man zwei Masken in den Farben schwarz und weiß. Die Gesichtsausdrücke sehen traurig aus, da der Mund nicht zu einem Lachen geformt ist. Die Masken haben keinen Träger.

2. Scipio, der sich als der „Herr der Diebe" ausgibt, trägt täglich eine Maske. Sowohl bei den Kindern der Bande (seinen scheinbaren Freunden) gibt er sich als jemand aus, der er nicht ist (z. B. durch das Tragen der schwarzen Maske) als auch bei sich zuhause, denn auch hier zeigt er seine Gefühle und wahren Gedanken nicht. Er spielt einmal den großen Helden, der den Kindern hilft und Diebesgut erbeutet. Das andere Mal, bei seinem Vater, spielt er den gehorsamen Sohn, der nicht mehr selbstbewusst und dominant auftritt, sondern schüchtern und traurig. Beide Masken wechselt er also, je nachdem, wo er gerade ist und zeigt nirgends sein wahres Gesicht. Die weiße Maske könnte man als Farbe der Unschuld ansehen (zuhause: hier zeigt er nicht, was er wirklich treibt, obwohl er heimlich seine Eltern bestiehlt) und die schwarze Maske als Symbol für seine geheimnisvolle Rolle als stadtbekannter Dieb in Venedig.

3.–4.

	Scipio, als „Herr der Diebe"	Scipio als Sohn des Herrn Massimo
Charakter	- spielt gern den Erwachsenen; herablassender Ton; selbstbewusst (S. 32) - lässt sich gern bewundern (S. 34)	- Augen blicken nicht so selbstbewusst, ängstlich (S. 121–122) - lügt, indem er sagt, dass er Wespe nicht kennt, ist wütend auf seinen Vater (S. 252) - liebt seine Katze (S. 121–122 und 252) - verzweifelt, traurig (S. 252)
Äußere Merkmale	- leuchtendes Kinn und Mund unter der schwarzen Maske; Augen nicht erkenntlich; lange krumme Nase, wie gespenstischer Vogel; pechschwarzes Haar (meist zu Zopf gebunden); kleiner als Mosca; trägt hochhackige Stiefel; seltsame lange Jacke (S. 32)	- Haare zu strengem kleinen Zopf gebunden; angstvolles Gesicht (S. 121–122) - blasses und fremdes Gesicht, bleischwere Schritte; gekleidet wie ein reiches Kind (S. 173)

5. Individuelle Schülerlösungen

Klassenarbeit 2 → Seite 44–45

1. Individuelle Schülerlösungen

2. Das Karussell besitzt die magische Fähigkeit, sowohl Menschen zu verjüngen als auch sie älter werden zu lassen, wenn man damit fährt. Je nachdem, wie lange man mitfährt, umso mehr Jahre werden einer Person abgezogen oder hinzugezählt. So wird Barbarossa wieder zum Kind und Scipio ein Erwachsener. Das Karussell war lange nicht funktionstüchtig, da der hölzerne Löwenflügel gefehlt hat.

3. Individuelle Schülerlösungen

4. Die jeweiligen Zusammenfassungen sollten folgende Aspekte enthalten:
   - das lyrische Ich fühlt sich noch nicht bereit für das Erwachsenenleben (z. B. einen Job zu erfüllen)
   - Erinnerungen an die Kindheit (z. B. Zahnlücken, Klassenfahrten, Flaschendrehen.) sind vordergründig
   - Kindsein hat eine Leichtigkeit und etwas Ungefährliches, Unbekümmertes (schlimmstes Wort „doof")
   - das lyrische Ich will die Zukunft noch nicht planen
   - Erwachsenenleben ist anstrengend, überfordernd und man hat zu wenig Freizeit

5. Individuelle Schülerlösungen